Versicherung radikal

Wie Sie Versicherungen an der Wurzel verstehen

AF220422

Über den Autor

Fabian Herbolzheimer beriet für verschiedene Unternehmen und Kanzleien sowohl gegen Honorar als auch Provision zu Versicherungen und Finanzanlagen. Er besitzt einen Abschluss in Soziologie und studiert aktuell nebenberuflich Rechtswissenschaften. Das vorliegende Buch stellt ausschließlich seine Haltung und Meinung als Privatperson dar.

Rechtliche Hinweise

Das vorliegende Werk hat nicht das Ziel und ist nicht geeignet eine individuelle Beratung zu Versicherungen und/oder eine Anlageberatung zu ersetzen und stellt auch keine solche Beratung dar. Der Autor übernimmt keine Gewähr für die Richtigkeit und Vollständigkeit der Inhalte sowie etwaige drucktechnische Fehler. Eine Haftung des Autors ist ausgeschlossen. Ebenso übernimmt der Autor keine Haftung für die Inhalte von angegeben Internetseiten. Für diese sind ausschließlich die Betreiber der Internetseiten verantwortlich.

Fabian Herbolzheimer

Versicherung radikal
Wie Sie Versicherungen an der Wurzel verstehen

Bibliografische Information der Deutschen Nationalbibliothek:
Die Deutsche Nationalbibliothek verzeichnet diese Publikation in der Deutschen Nationalbibliografie; detaillierte bibliografische Daten sind im Internet über http://dnb.dnb.de abrufbar.

© 2022 Fabian Herbolzheimer

Herstellung und Verlag: BoD – Books on Demand, Norderstedt

ISBN: 978-3-7562-3347-2

Inhaltsverzeichnis

I

Über das Buch
Wieso Versicherung radikal?

Es gibt mittlerweile eine Vielzahl von hervorragenden Blogs und Büchern zu den Themen Finanzen und Geldanlage, die aufzeigen wollen, wie man seine Finanzen selbst regeln kann. Das ist eine großartige Entwicklung. In Bezug auf Versicherungen herrscht hier jedoch leider noch ziemlicher Mangel. Viele der Infos, die sich auf den ersten Google-Seiten finden lassen und mit Versicherungen beschäftigen, sind entweder für Fachpublikum aus der Versicherungsbranche geschrieben oder Teil der Marketing-Auftritte von Versicherungsgesellschaften. Auch fehlt es an Büchern zu diesem Thema. So werden Sie zum Beispiel auf Amazon deutlich mehr Titel zu dem (ebenfalls wichtigen) Thema ‚Geldanlage mit ETFs' finden, als zu dem sehr weiten Feld, wie Verbraucher*innen grundsätzlich an Versicherungsfragen herangehen sollten. Das Problem ist, dass hier die Prioritäten falsch gesetzt werden. Ist die Absicherung gegen Risiken lückenhaft oder unpassend, kann das dazu führen, dass Sie Ihr erspartes Vermögen mit einem Schlag wieder los sind.

Hier braucht es offenbar einen radikalen Wechsel. Das Wort *radikal* kommt vom lateinischen *radix* und bedeutet Wurzel. Etwas radikal zu betrachten bedeutet also, es von der Wurzel, vom Ursprung her, zu betrachten. Dieses Buch enthält keine Checklisten, die Ihnen sagen wollen, welche Versicherungen Sie in welcher Lebenslage brauchen und dabei doch Ihren persönlichen Bedarf nicht genau treffen. Es enthält auch keine Tarifvergleiche, die mit Modelkunden arbeiten und schon wieder veraltet sind, wenn Sie es lesen.

Dieses Buch will Hintergründe beleuchten. Es wurde in der Überzeugung geschrieben, dass eine in diesem Sinn radikale Betrachtung von Versicherungsfragen Ihnen Klarheit bringen kann. Dadurch können Sie sich vor weit verbreiteten Fehleinschätzungen schützen, Geld sparen und die Chance erhöhen, versicherungsrelevante Lebenskrisen besser zu meistern. Bestimmte Prinzipien oder grundlegende Erkenntnisse ermöglichen es, sich im Versicherungsdschungel selbst Wegweiser aufzustellen, um sich nicht in Detailfragen zu verlieren. Ich möchte Ihnen vor der Lektüre noch ein paar Gedanken mit auf den Weg geben, um Ihnen die Herangehensweise an das Buch zu erleichtern.

Das Buch besteht vor allem aus Kapiteln, die der Hintergrundinformation dienen und wenig Handlung Ihrerseits erfordern. Mit anderen Kapiteln möchte ich Sie aber dazu animieren, aktiv zu werden. Wenn es in einem Kapitel zum Beispiel um bestimmte wichtige Klauseln geht, von denen Sie noch nie gehört haben, dann lesen Sie nicht einfach weiter. Kramen Sie den Versicherungsordner heraus und schauen Sie nach, was in Ihrem Vertrag steht. Wenn es an einer Stelle sinngemäß heißt: ‚Hier kommt es darauf an, was Ihnen wichtig ist.‘, dann nehmen Sie ruhig einen Stift und ein Blatt Papier und schreiben Sie auf, was genau Ihnen hier wichtig ist.

An einigen Stellen schreibe und formuliere ich allgemeiner, als ich es in einem wissenschaftlichen Aufsatz oder einem Fachartikel tun würde. Fachlich vorgebildete Leser*innen werden deshalb womöglich wegen inhaltlicher Verknappungen Anlass zur Kritik finden. Das nehme ich an dieser Stelle in Kauf, weil es sich bei dem Buch, dass Sie in der Hand halten, gerade nicht um ein Fachbuch handelt. Es ist mir wichtiger, ein allgemeines Verständnis von Zusammenhängen zu fördern, als durchweg eine exakte Trennschärfe der Begrifflichkeiten einzuhalten. So kann es etwa passieren, dass ich Definitionen einführe oder Kategorien vorschlage, die nicht denen entsprechen, die Fachleute der Versicherungsbranche verwenden würden. Das tue ich dann, wenn ich der Meinung bin, dass mein Vorschlag Laien besser dabei unterstützt, ihre Versicherungsangelegenheiten zu ordnen, als die Definitionen und Kategorien von Fachleuten es tun würden.

Nicht nur aber auch deshalb ist mir ein weiterer Punkt so wichtig, dass ich nicht möchte, dass er nur als Phrase in den rechtlichen Hinweisen wahrgenommen wird. Dieses Buch kann und soll eine persönliche Beratung nicht ersetzen. Das ist besonders dann der Fall, wenn komplexe Versicherungen angesprochen werden, die über viele Jahre laufen. Ich werde nicht zuletzt über einige Versicherungsverträge auch Negatives schreiben, wenn ich finde, dass die Nachteile für die meisten Verbraucher*innen überwiegen. Dennoch können diese Verträge in individuellen Situationen angebracht oder vielleicht sogar die beste Option sein. Und sei es nur, weil alle besseren Optionen unmöglich sind. Bitte verfassen Sie deshalb ganz besonders bei wichtigen Risikoabsicherungen nicht direkt die erste Kündigung, sobald Sie das Buch weggelegt haben.

In diesem Buch werde ich Sie siezen. Das Sie ist in gewisser Weise ein Anachronismus, der häufig Distanz schafft und Hierarchien zementiert. Vor allem in Publikationen, die von Verbraucher*innen für Verbraucher*innen geschrieben sind, hat sich das Du weit verbreitet. Gerade zu finanziellen Themen habe ich jedoch persönlich keine guten Assoziationen mit dem Du. Niemand hat Lust darauf, dass jedes zweite Video auf Youtube mit einer Werbung beginnt, die DIR sagt, dass DU nur diesen einen Online-Kurs über Immobilieninvestments buchen musst, um ganz schnell und für immer finanziell frei zu sein. Es gibt mehr als genug Verkäufer*innen, die DEIN Finanzcoach sein wollen und DIR buddymäßig erklären, wieso Geldanlage über Versicherungen voll DEIN Ding ist. Ja, ich nutze das Sie, um mich zu distanzieren. Aber nicht von Ihnen als Leser*innenschaft, sondern von jenen, die das Du ganz bewusst einsetzen, um eine kumpelhafte Emotionalität aufzubauen, wo sachliche Entscheidungen gefragt sind.

Kapitel I
Wieso der Versicherungsschutz vor dem Vermögensaufbau stattfinden sollte

Ganz offenkundig liegt der Fokus dieses Buchs auf Versicherungen und nicht auf dem Vermögensaufbau. Eine völlige Trennung halte ich aber für unsinnig. Zum einen drängt sich das Thema gewissermaßen auf, da Millionen von Menschen ihren Vermögensaufbau mit Versicherungen betreiben. Zum anderen ist eine ausreichende Absicherung gegen Risiken das Fundament, auf dem ein planbarer Kapitalaufbau stehen muss. Wieso ist das so?

Natürlich können Erbschaften, Lottogewinne und sonstige Ereignisse Ihre Vermögenssituation positiv beeinflussen. Wenn Sie solche außerplanmäßigen Vermögenszuwächse erhalten, dann ist das hilfreich. Es ist aber nur bedingt Teil eines planbaren Kapitalaufbaus. Vermögen können Sie regelmäßig nur aus Ihrem Haushaltsüberschuss aufbauen, also dem, was nach allen Ausgaben am Ende des Monats noch von Ihren Einnahmen übrig ist. Das erfordert Konsumverzicht, soviel ist klar. Wenn Sie bis zum Monatsende Ihr gesamtes Geld ausgeben, kann nichts gespart werden. Selbst wenn Sie verlässlich einen Haushaltsüberschuss erreichen, können Ihnen aber zwei Ereignisse den Vermögensaufbau verhageln. Wer einem anderen einen Schaden verursacht, sei es etwa an Eigentum oder körperlicher Unversehrtheit, der ist zum Ersatz des Schadens verpflichtet. So regelt es das Bürgerliche Gesetzbuch. So ein Schaden kann sich auf Hunderttausende oder gar Millionen Euro belaufen. Das klingt erst einmal unrealistisch und ist sicher nichts, was täglich passiert. Schädigen Sie aber einen Menschen an Leben und Gesundheit, sind solche Summen im Bereich des Möglichen. In so einem Fall haften Sie beinahe mit Ihrem kompletten Vermögen und auch zukünftigen Einnahmen. Erst bei einem pfändungsfreien Betrag von knapp 1.300 € pro Monat ist Schluss. Bis dahin wird alles gepfändet, was Sie haben und eben auch das, was Sie noch verdienen. Das geht so lange, bis der Schaden beglichen ist. Das war es dann sowohl mit dem ersparten Kapital als auch dem Haushaltsüberschuss. Aus diesem einfachen Grund sollten Sie eine Privathaftpflichtversicherung besitzen.

Beim zweiten Ereignis besteht nicht die Gefahr, dass das Einkommen sofort weggepfändet wird, sondern dass es gar nicht erst erarbeitet werden kann. Wer nicht mehr in seinem bisherigen Beruf arbeiten kann und keine Berufsunfähigkeitsversicherung hat, fällt ziemlich tief, bis das Netz der sozialen Sicherung greift. Das gilt gerade für junge Leute. Ohne hier zu detailliert auf die staatliche Absicherung für einen solchen Fall eingehen zu wollen, die sogenannte Erwerbsminderungsrente, vier kurze Fakten dazu.

1. Für den Fall, dass man einer Erwerbstätigkeit nicht mehr nachgehen kann, gibt es in Deutschland die Erwerbsminderungsrente. Hierin liegt bereits der erste massive Unterschied zur Berufsunfähigkeitsversicherung. Eine Berufsunfähigkeitsversicherung versichert nämlich Ihre zuletzt ausgeübte Tätigkeit. Bei der Erwerbsminderungsrente geht es hingegen nur um die Fähigkeit, irgendeine Arbeit auszuüben, gegebenenfalls auch für deutlich weniger Gehalt.

2. Wer nicht bestimmte Pflichtversicherungszeiten erfüllt, hat gar keinen Anspruch auf die Erwerbsminderungsrente. Das ist natürlich gerade bei jüngeren Menschen oft der Fall.

3. Nur dann, wenn Sie nur noch weniger als 3 Stunden am Tag in irgendeinem Beruf arbeiten können, haben Sie Anspruch auf die volle Erwerbsminderungsrente. Können Sie dagegen noch zwischen 3 und 6 Stunden am Tag arbeiten, erhalten Sie die

Rente wegen teilweiser Erwerbsminderung. Diese ist halb so hoch wie Rente wegen voller Erwerbsminderung.

4. Die Erwerbsminderungsrente ist häufig niedrig und höchstwahrscheinlich nicht geeignet, Ihren Lebensstandard zu erhalten.

Kurzum: Wenn Sie sich nicht gegen das Risiko absichern, dass Ihr gewohntes Einkommen wegfällt, kann es schwer werden einen Haushaltsüberschuss zu erwirtschaften. Folglich wird es auch schwer, Vermögen aufzubauen. Hierbei ist es nicht essenziell, dass Sie unbedingt eine Berufsunfähigkeitsversicherung haben. Denn der Versicherungsmarkt reagiert in den letzten Jahren zunehmend auf veränderte Nachfrage und bietet auch andere Verträge an, wie zum Beispiel sogenannte Grundfähigkeitsversicherungen. Diese haben den gleichen Zweck, nämlich einen Ausfall des Arbeitseinkommens zu kompensieren, sind aber im Detail anders gestaltet. Lassen Sie sich auch bitte nicht von Aussagen abschrecken, wonach man mit bestimmten Vorerkrankungen gar keine Versicherung auf das Arbeitseinkommen erhält. So wird immer wieder das Gerücht verbreitet, dass Krebs oder psychische Behandlungen es unmöglich machen würden, eine solche Versicherung zu bekommen. Das ist schlichtweg falsch. Es ist sowohl für Menschen mit Krebs als auch mit psychischen Beschwerden nicht unmöglich diese Verträge abzuschließen, da es immer auf den Einzelfall ankommt. Diagnosen von schweren Erkrankungen mache es nicht unbedingt einfacher und ich kann Ihnen nicht versprechen, dass es in Ihrem individuell Fall etwas wird, aber geben Sie nicht vorschnell auf.

Nun könnte man einwenden: ‚Aber ist nicht Vermögensaufbau die beste Absicherung?'. Mir sind schon häufiger Ansätze begegnet, die in diesem Sinne argumentieren. Man spart das Geld für die Versicherungen, legt es selbst an und wenn es zu einem Haftpflichtschaden kommt oder man nicht mehr arbeiten kann, bezahlt man den Schaden oder Verdienst-ausfall einfach aus dieser Reserve. Wenn nichts passiert, hat man am Ende eben einfach mehr Geld.

Ich komme später noch darauf zurück, aber schon einmal an dieser Stelle: Ich rede bei Haftpflichtschäden nicht vom Handy Ihres Freun-des, dass Sie fallen lassen, sondern von der verletzten Person, die For-derungen wegen Schmerzensgeld und Pflegekosten gegen Sie erhebt. Gleichsam geht es bei einer Berufsunfähigkeitsversicherung nicht da-rum, dass man mal ein paar Monate länger krank ist. Es geht darum, dass Sie womöglich einen Großteil Ihres Lebens nicht arbeiten können und trotzdem ein Auskommen über der Grundsicherung haben möch-ten. Diese Schäden können gigantische Summen ausmachen, mehr als Sie in Ihrem ganzen Leben ansparen könnten. Eine vernünftige Privat-haftpflichtversicherung versichert Sie ab dem ersten Tag mit mindes-tens 10.000.000 €, besser noch 20.000.000 €. Wieviel von diesen 20.000.000 € haben Sie an Ihrem ersten Arbeitstag bereits angespart? Zu hoch gegriffen? Eine Berufsunfähigkeitsrente von 1.000 € im Mo-nat, die Sie am Ende des Studiums abschließen, versichert bei einer Laufzeit von 40 Jahren 480.000 €. Mit einem guten Job und den rich-tigen Anlageentscheidungen haben Sie hoffentlich zum Renteneintritt so viel Kapital angespart. Sicher aber nicht in den ersten Jahren.

Klar, das ist alles eine Wette und wenn Sie auf ‚Es passiert schon nichts‘ setzen und Recht behalten, haben Sie am Ende des Lebens mehr Kapi-tal, weil Sie keine Versicherungsbeiträge zahlen mussten. Gerade wer einen wissenschaftlichen Ansatz in der Geldanlage verfolgen möchte, sollte aber meiner Meinung nach Risiken ausschließen, die sich leicht ausschließen lassen. Der Sinn im Vermögensaufbau liegt doch darin, das Ersparte später genießen zu können und nicht täglich damit rech-nen zu müssen, mit Glück die Kosten eines großen Unglücks stemmen zu können.

Kapitel 2
Welche Versicherungen brauchen Sie?

Es gibt kaum ein Beratungsgespräch, in dem mir nicht diese eine Frage gestellt wurde und wird. ‚Braucht man so eine Versicherung?'. Dabei ist es völlig gleichgültig, über welchen Versicherungsbereich gerade gesprochen wird. Ich habe diese Frage zur Privathaftpflichtversicherung, der Rechtsschutzversicherung, der Sterbegeldversicherung, der Rentenversicherung, der Berufsunfähigkeitsversicherung und im Grunde jeder anderen Versicherung gehört. Selten kann ich diese Frage so allgemeingültig beantworten und eigentlich möchte ich das auch nicht. Denn diese Frage erlaubt einen geschichtlichen Exkurs, nachdem sich viele diese Frage in Zukunft immer öfter selbst beantworten können. Und genau das sollte, meiner Meinung nach, ein vernünftiger Beratungsansatz sein: Menschen in die Lage zu versetzen, sich selbst zu helfen.

Genauso wie Geldanlage sind Versicherungen kein Hexenwerk, bei dem Sie blind jemandem vertrauen müssen. Jeder und jede kann den Umgang damit erlernen und anwenden, ausreichend Zeit vorausgesetzt. Wenn Sie jemanden dafür bezahlen Sie dazu zu beraten, sei es durch ein Honorar oder über die Provision aus Ihren Beiträgen, sollten Sie dabei immer eines bedenken: Sie erkaufen sich im Grunde damit die Zeit, die Sie sonst selbst in Fortbildungen oder über Büchern verbringen müssten. Das Wissen steht aber die ganze Zeit zur Verfügung. Dabei ist mir klar, dass vielen Menschen schlicht die Kapazitäten dafür fehlen. Ich will Ihnen auch kein schlechtes Gewissen einreden, weil Sie sich womöglich weniger mit der erquicklichen und spannenden Materie der Versicherungen befassen. (Denn immerhin lesen Sie gerade dieses Buch.) Worauf ich hinaus will, ist Folgendes: Es gibt nicht von Natur aus Eingeweihte und Unwissende. Wenn Sie einer Aussage zu Versicherungen nicht vertrauen, dann lesen Sie nach, fragen Sie nach.

Investieren Sie lieber die Lebenszeit, als entgegen einem besseren Gefühl einer fremden Aussage zu vertrauen.

Der kleine Exkurs, von dem ich spreche, beschäftigt sich mit den ältesten Überlieferungen zu Versicherungen in der Geschichte der Menschheit. Dabei ist es für unseren Fall ziemlich nebensächlich, ob man glaubt, die ältesten Versicherungen im antiken Babylon, Griechenland oder Rom verorten zu können. Auf der Homepage des Deutschen Versicherungsmuseums in Gotha findet sich ein kurzer Abriss über die Geschichte der Versicherungen, der tatsächlich bis 1750 vor unserer Zeitrechnung zurückreicht. Es werden in dieser Zeit unter anderem Versicherungen für Handelsschiffe erwähnt, die nach einem einfachen Prinzip funktionierten. Kam das Schiff sicher zurück, musste der Eigentümer eine kleinere Summe an die antike Version seines Versicherers zahlen. Kam das Schiff hingegen nicht zurück, erhielt der Eigentümer eine deutlich größere Summe als Entschädigung. Hierzu ist es wichtig, sich bewusst zu machen, dass die wenigsten Kaufleute damals in einer Art organisiert waren, die man mit Kapitalgesellschaften oder ähnlichen Einrichtungen mit Haftungsbeschränkungen vergleichen kann. Die Trennung zwischen Privat- und Geschäftsvermögen war geringer beziehungsweise gar nicht vorhanden. Der Verlust schon einer Karawane oder eines Schiffes konnte unter Umständen den völligen finanziellen Ruin der Familie nach sich ziehen. Dieses Versicherungskonzept wurde sodann auch bald auf einzelne Personen übertragen, häufig Seeleute oder Soldaten. Im Falle des Todes erhielt die Todesfallsumme nunmehr die Familie des Verstorbenen.

Schon näher an der Funktionsweise moderner Versicherungen waren etwa die römischen *collegia funeratica*. Dabei wurden die damals üblichen, kostspieligen Begräbnisrituale für Verstorbene von Mitgliedern der ärmeren Schichten durch gemeinsame Beiträge bezahlt. Im Gegensatz zu dem ursprünglichen 1zu1-Geschäft der antiken

15

Schiffsversicherung haben wir hier also bereits eine Versichertenge-meinschaft, die sich gemeinsam gegen Risiken schützt, die alle gleich-ermaßen betreffen. Bei diesem Fall darf nicht übersehen werden, wel-che ungleich größere Rolle eine Beerdigungszeremonie im Vergleich zum heutigen Maßstab spielte. War die Weltanschauung doch ungleich religiöser geprägt. Hier stand nichts weniger als das ewige Leben im Jenseits auf dem Spiel.

Was ist nun die Moral dieser Geschichte? Versicherungen dienten ur-sprünglich dem Schutz vor Risiken, die zwangsläufig in den finanziellen Ruin führen würden. Das konnte in den damaligen Sozialsystemen wie-derum häufig gleichbedeutend mit einem Leben in völliger Armut sein, bis hin zum Hungertod. Sozialsysteme waren nämlich noch nicht erfun-den. Zweifelsohne haben sich seitdem einige Dinge verändert. Die Grundidee ist jedoch die gleiche geblieben. Fragen Sie sich immer, ob das Risiko, wogegen Sie sich mit einem Versicherungsvertrag absichern möchten, Sie in eine erhebliche finanzielle Schieflage bringen würde. Wenn nicht, stehen die Chancen gut, dass Sie sich den Beitrag für diese Art von Versicherung sparen können. Ob das bei der jeweiligen Versi-cherung der Fall ist, oder nicht, kommt ganz auf Ihre Person und indi-viduelle Situation an. Vielen fällt es jedoch im Anschluss an diese kurze Anekdote deutlich leichter, sich für oder gegen eine Versicherung zu entscheiden, die, sagen wir, das Handy versichert. Zumindest über-rascht es Sie sicher wenig, dass uns aus der Antike keine Belege über-liefet sind für Versicherungen auf die Lieblingsamphore oder die beste Papyrusrolle im Haushalt.

Es gibt noch eine zweite Erkenntnis, die allgemein formuliert fast lä-cherlich klingt, aber die ein großes reales Problem im Umgang mit Ver-sicherungen zeigt. Was glauben Sie, wie viele Menschen in der Antike zwar niemals ein Schiff besessen haben, aber eine der frühen Formen der Schiffsversicherungen abgeschlossen haben? Die Quellenlage hierzu ist dünn, aber ich gehe sehr stark davon aus, dass das niemand getan hat. Trotzdem bin ich beinahe jeden Tag konfrontiert mit jungen Erwachsenen, die voraussichtlich erst in 10-15 Jahren Kinder haben werden, denen aber Versicherungen mit hohen Todesfallleistungen als das perfekt auf sie zugeschnittene Produkt verkauft wurden. Dieser Schutz der nicht existenten Nachkommen sorgt aber für eine Verteuerung des Vertrages. Hinzu kommen Privathaftpflichtversicherungen, die für die Haftung aus Hundehaltung einstehen, obwohl die Versicherungsnehmer*innen keine Hunde besitzen und so weiter. Die Liste ließe sich lange fortsetzen. Noch bevor Sie sich also der Frage zuwenden, ob Sie das Risiko eines Schadens tragen könnten, ohne dadurch in große Schwierigkeiten zu gelangen, steht eine andere ganz grundlegende. Kann sie das zu versichernde Risiko überhaupt treffen?

Bei der Frage, was eine sinnvolle Versicherung ist, möchte ich keinen allgemeinen Wahrheitsanspruch formulieren. Gerne kann jeder und jede eine andere Definition finden, wann eine Versicherung Sinn ergibt. Tatsache ist jedoch, dass bis auf wenige Ausnahmen praktisch alle Versicherungen Geld kosten. Selbst dann, wenn der einzelne Vertrag nicht besonders stark ins Gewicht fällt, kann sich bei mehreren Verträgen bereits eine beachtliche Summe ergeben. Wenn Sie über ein ausreichend hohes Einkommen verfügen und merken, dass Sie besser schlafen, wenn möglichst jeder Gegenstand, den Sie besitzen, gegen möglichst viele Gefahren versichert ist, dann kann es Ihnen durchaus einen Mehrwert bringen, diese Versicherung abzuschließen. Doch selbst dann sollten Sie Ihr Geld spätestens in dem Moment sparen, in dem Sie ein und dieselbe Sache mehrfach versichern.

Gerade Verträge, die einzelne Sachen versichern, halten sehr oft nicht das, was von Ihnen erwartet wird und weshalb sie abgeschlossen werden. Nehmen wir als Beispiel den bereits erwähnten Handyversicherungsvertrag. Erstens ist das ein Gegenstand, der unter bestimmten

Voraussetzungen bereits gegen Diebstahl, aber auch Raub und andere Schäden über Ihre Hausratversicherung versichert sein kann. Beschädigt eine andere Person Ihr Handy, kommt deren Haftpflichtversicherung in Frage. Selbst wenn andere Versicherungen nicht greifen würde, bleibt die Frage: Würde Sie der Verlust in finanzielle Bedrängnis bringen, oder wäre es einfach nur ärgerlich? Diesen Gedankengang können Sie analog auf Versicherungen für Brillen, Fernseher, Kaffeemaschinen und so ziemlich alles andere, bis hin zu Ihrem Todesfall, anwenden. Wobei sie bei letzterem die Frage überspringen können, ob dieses Risiko Sie treffen könnte. Sind Sie am Ende der Meinung, dass Sie sich einen solchen Vertrag leisten können und wollen, so kann die Antwort durchaus lauten: ‚Sie brauchen so eine Versicherung.' Die hier erwähnten Versicherungen auf einzelne Geräte oder Gegenstände sind jedoch in den meisten Fällen, die mir bisher begegnet sind, eher unnötig.

Hier zeigt sich, was ich in der Einleitung darzulegen versucht habe. Es lässt sich viel Zeit und Aufwand einsparen, wenn man sich einmal mit wenigen grundsätzlichen Themen befasst hat. Anstatt über kurz oder lang immer mal wieder über eine Versicherung zu stolpern und sich zu fragen, ob man sie nun braucht oder nicht, halte ich es für sinnvoll, sich ein paar Versicherungsprinzipien zu setzen. Man schafft sich also selbst ein Reglement, nach dem Versicherungen schnell in ‚Brauche ich' und ‚Brauche ich nicht' eingeteilt werden können. Natürlich hält Sie niemand davon ab, dieses Reglement zu jedem beliebigen Zeitpunkt zu überdenken und zu verändern, wenn Sie das wollen. Beispielsweise, weil Sie neue Erfahrungen gesammelt haben, oder sich Ihre Lebensumstände deutlich verändert haben. Was Sie hier sehen, ist also nur mein Vorschlag, der mit der Aufforderung verbunden ist, ihn für Ihre eigene Situation anzupassen.

Sie sollten sich also fragen, ob das, wogegen Sie versichern wollen, überhaupt eine Gefahr für Sie darstellt. In aller Regel sprechen wir dabei von einer finanziellen Gefahr. Denn Versicherungen zahlen Geld aus oder sie erstatten Leistungen, die Sie sonst mit Ihrem Geld bezahlen müssten. Bei der Frage nach der Gefahr geht es darum, wie schwer es Sie treffen würde, wenn Sie einen bestimmten Geldbetrag selbst aufwenden müssten, oder auf die Erstattung dieses Geldbetrages verzichten müssten, was in Bezug auf Ihre Vermögensbilanz dasselbe ist. Das ist die ganze Idee einer Versicherung. Ein Risiko, dass Sie allein nicht stemmen könnten, wird auf viele Schultern verteilt, nämlich die der Versichertengemeinschaft. Denken Sie an die Römer und deren Begräbnisrituale.

Die im ersten Kapitel genannten zwei Risiken, stellen für die allermeisten Leser*innen eine Gefahr dar, die Sie allein nicht stemmen könnten. Haftpflichtansprüche und ein Ausfall des Erwerbseinkommens. Überspitzt könnte man sagen, nur wer mit der Geburt unfassbare Reichtümer in Millionen- oder gar Milliardenhöhe geerbt hat, kann auf beide Versicherungen verzichten. Selbst dann würde ich aber zumindest die Haftpflichtversicherung empfehlen, denn sie kostet einfach nicht viel. Auch wenn ich Milliardär wäre, würde ich mich sehr ärgern, wenn ich jemandem 7 Millionen Euro erstatten müsste, weil ich zu geizig für den Versicherungsbeitrag von vielleicht 100 € im Jahr war. Der entscheidende Punkt ist aber: Ich könnte als Milliardär darauf verzichten, weil ich es mir finanziell leisten könnte. Mein Leben würde danach weitergehen wie vorher.

Eine Versicherung ist eine Risikoabsicherung. Nur kapitalbildende Versicherungen sind hier eine Ausnahme, der wir uns in späteren Kapiteln noch ausführlicher widmen werden. Was aber ist Risiko?

Eine einfache Definition von Risiko, die auch den vorherigen Überlegungen zu Grunde liegt, ist diese:

Risiko ist die Wahrscheinlichkeit, dass ein bestimmter Schaden eintritt, *multipliziert* mit der maximal möglichen Höhe des Schadens

Die Wahrscheinlichkeit, dass jemals Schadensersatzansprüche im siebenstelligen Bereich gegen Sie erhoben werden, ist eher gering. Die maximale Schadenshöhe ist dagegen verglichen mit dem regelmäßigen Einkommen der meisten Bundesbürger*innen astronomisch. Sie haben also trotzdem ein hohes Risiko und tun gut daran eine Versicherung zu besitzen, die Sie bei Schadensersatzansprüchen durch Andere schützt. Diese Aufgabe hat die Haftpflichtversicherung.

Die maximale Schadenshöhe, die der Verlust Ihres Handelsschiffes verursachen kann, wenn es voll beladen sinkt, ist ebenfalls sehr hoch. Wenn Sie allerdings kein Handelsschiff besitzen, ist das Risiko für Sie dennoch bei null, weil die Eintrittswahrscheinlichkeit bei null liegt. Sie benötigen demnach keine Schiffsversicherung.

Ich habe bisher überspitzte Beispiele angeführt, um den Punkt zu verdeutlichen. Lassen Sie mich aber auf ein paar Fälle kommen, die ich regelmäßig erlebe. Wie bereits erwähnt, haben viele junge Erwachsene ohne Familien Verträge zur Altersvorsorge, die auch erhebliche Todesfallleistungen enthalten. Todesfallleistungen sichern Ihre Hinterbliebenen ab. Wer keine Hinterbliebenen hat, die einer Absicherung bedürfen, braucht in der Regel keine Todesfallleistung. Haben Sie Hinterbliebene und sind diese finanziell von Ihnen abhängig, brauchen Sie eine Hinterbliebenenfürsorge umso mehr. Wer einen hohen Kredit für ein Haus aufgenommen hat, sollte sich dringend damit befassen, ob er für den Fall des Todes seine Familie nicht davor bewahren will, den Kredit allein zu tragen. Andernfalls kann es dazu kommen, dass die Familie ausziehen wird, weil das Haus verkauft werden muss. Auch hier gilt: Das Risiko des frühzeitigen Todes ist eher gering, der maximal mögliche Schaden aber sehr hoch.

Denken Sie dabei bitte nicht nur an komplette Verträge. Oft enthält auch ein grundsätzlich sinnvoller Vertrag Bausteine, die verzichtbar sind. Beispielsweise versichern viele Unfallversicherungen ein Krankenhaustagegeld. Es ist also vereinbart, dass Sie für jeden Tag, den Sie unfallbedingt im Krankenhaus verbringen, eine feste Summe bekommen. Meist zwischen 10 € und 25 € pro Tag. Die wenigsten Menschen würde das Ausbleiben dieser Versicherungsleistung in finanzielle Schwierigkeiten bringen. Vielmehr mache ich nicht selten die Erfahrung, dass Leute gar nichts von diesem Vertragsbaustein wissen und die Leistung deshalb auch nicht beantragen, obwohl Sie den Vertrag seit Jahren bezahlen. Jetzt könnte man sicherlich einwenden, dass es ja nichts schadet, auch ein paar nicht ganz so wichtige Sachen versichert zu haben. Das Problem daran ist, dass diese Mehrleistungen ja nicht geschenkt sind. Entweder erhöhen sie den Beitrag oder sie schmälern, wie bei der Altersvorsorge, das Ergebnis des eigentlichen Vertragszwecks. Das liegt daran, dass ein Teil Ihrer Beiträge für die übrigen Leistungen verwendet wird und nicht mehr für den Vermögensaufbau zur Verfügung steht.

An dieser Stelle mag vielleicht doch der Anschein entstanden sein, dass es eine allgemeingültige Gleichung ist, ob man eine Versicherung braucht oder nicht. Das ist nicht der Fall. Es ist und bleibt eine individuelle Frage. Ob ein bestimmtes Ereignis eine massive finanzielle Belastung für Sie darstellt, gar eine solche, die Sie überfordern würde, hängt von Ihrer konkreten Lebenssituation ab. Ich kenne eine Familie, die eine Hausratversicherung für sich selbst für völlig unnötig hält. Sie führten an, dass Ihr Hausrat bestenfalls 10.000 € Wert ist. Gleichzeitig erwirtschaften sie aber einen jährlichen Haushaltsüberschuss von ca. 30.000 €, müssen keine besonderen Verbindlichkeiten bedienen und besitzen erhebliche flexible Rücklagen. Das Szenario des vollständigen Verlusts ihres Hausrates schätzen Sie für sich persönlich als wenig bedrohlich ein, weshalb sie sich die Versicherungsbeiträge sparen wollen. Ebenso bin ich mit einem Studenten befreundet, der ein WG-Zimmer bewohnt und dessen Hausrat wohl gerade einmal 10% des Hausrats der gerade genannten Familie wert sein dürfte. Dennoch ist für ihn eine Hausratversicherung essenziell. Mit entsprechender Klausel ist in der Hausratversicherung auch der Diebstahl des Fahrrads versichert. Der Student hat wenig Geld, ist auf sein Fahrrad als Fortbewegungsmittel angewiesen und bewertet die Hausratversicherung somit als für ihn unverzichtbar.

Es gibt also zwei allgemeine Gründe, weshalb Sie Versicherungen nicht brauchen könnten. Es kann gut sein, dass das versicherte Risiko in Ihrem Fall überhaupt nicht besteht. Sie erinnern sich: Kein Schiff, keine Schiffsversicherung. Es kann auch sein, dass das Risiko für Sie zwar grundsätzlich besteht, Sie aber problemlos damit klarkommen könnten, wenn Sie es allein tragen müssen. Was Sie für problemlos halten, können nur Sie entscheiden. Wenn Ihnen die Überschuldung egal ist, können Sie auf alle Versicherungen verzichten. In der Regel halte ich es aber für angemessener zu prüfen, ob die vorhandenen flexiblen Rücklagen, die Sie auf Giro- oder Tagesgeldkonto beiseitegelegt haben, für eine Begleichung des Schadens ausreichen würden. Empfohlen werden hier häufig pro erwachsene Person im Haushalt zwei bis drei Monatsnettogehälter als Rücklage und ich würde mich dieser Faustformel anschließen. Wenn Sie allerdings einen höheren Absicherungswunsch an Ihre flexible Rücklage haben, ist auch das richtig. Es ist ein wenig paradox. Wer die finanziellen Mittel hat, ausreichend Rücklagen zu bilden, kann potenziell auf mehr Versicherungen verzichten und dadurch wiederum mehr Geld sparen.

Ob etwas problemlos ist, kann aber auch eine emotionale Komponente beinhalten. Wenn der Traumurlaub ansteht, haben Sie diesen in der Regel aus Ihren Rücklagen bereits bezahlt. Es wird Sie also nicht nachhaltig finanziell belasten, wenn Sie ihn stornieren müssen und dadurch vielleicht sogar das komplette Geld verlieren. Aber es ist verdammt ärgerlich. Wenn Sie also damit besser schlafen, schließen Sie die Reiserücktrittversicherung ab.

Ich fahre seit Jahren sehr gut mit diesen Versicherungsprinzipien. Wenn sich eine Lebenssituation verändert, stelle ich mir die Fragen: Entsteht dadurch ein neues Risiko? Falls ja, wie hoch ist der maximale Schaden? Ist er höher als meine Rücklagen? Wenn dem so ist, dann befasse ich mich mit einer Versicherung zu diesem Thema. Ist das nicht der Fall, aber der Verlust wäre emotional stark belastend, befasse ich mich auch damit. Finden Sie gerne Ihre eigenen Versicherungsprinzipien. Es ist Ihr Leben und vieles kann nach Ihren Regeln laufen. Schaffen Sie sich welche und machen Sie sich damit Entscheidungen leichter.

Kapitel 3
Welche Arten von Versicherungen gibt es?

Was ist ein biometrisches Risiko, was eine Sachversicherung? Wie unterscheidet sich die Kompositversicherung von der Lebensversicherung? Schon bei einer grundlegenden Befassung mit Versicherungen kann man über solche Fachbegriffe stolpern und auch ich verwende sie teilweise in diesem Buch. Ich versuche die Belastung damit gering zu halten, muss mich aber als Fan von Fachbegriffen outen. Ich finde es super, dass ein guter Freund, von Beruf Feuerwehrmann, genau weiß, was er zu tun hat, wenn bei einem Hausbrand nach dem C-Strahlrohr verlangt wird. Es beruhigt mich auch ungemein, dass eine befreundete Chirurgin während einer OP nicht den Kollegen bitten muss ‚jetzt mal das blaue Ding da neben der Lunge abzuklemmen', sondern einen exakt definierten Begriff für jedes Körperteil kennt. Ich werde mich dennoch kurz fassen, um Sie bestenfalls weder zu verwirren noch zu langweilen.

Natürlich machen Fachbegriffe es Außenstehenden schwieriger, den Einstieg in ein Thema zu finden. Hat man sie aber mal in ihrer Bedeutung verstanden, so sorgen sie für Klarheit. Nach diesem kurzen Kapitel wird der Begriff Kompositversicherung bei Ihnen hoffentlich eine Kette von Assoziationen auslösen. Im besten Fall erspart Ihnen das in Zukunft, bei jedem Blick auf einen Versicherungsvertrag Detailinformation zusammenpuzzeln zu müssen, in der Hoffnung, sich ein allgemeines Bild davon zu machen, was da vor Ihnen liegt.

Das Fachwort für verschiedene Arten von Versicherungen ist Versicherungssparten. Der Begriff der Versicherungssparte findet sich im Versicherungsaufsichtsgesetz, genauer dem § 8 VAG. Dort legt die Gesetzgebung nämlich fest, dass Unternehmen, die das Geschäft mit Lebensversicherungen betreiben, nicht auch gleichzeitig Geschäft mit anderen

Versicherungssparten betreiben dürfen. Gleiches gilt wiederum für das Geschäft mit der PKV, der privaten Krankenversicherung.

Zwei Dinge lassen sich daraus ableiten:

1. Hierin liegt ein wesentlicher Grund, weshalb Versicherungskonzerne so kompliziert aus vielen untereinander gegliederten Mitgliedsunternehmen aufgebaut sind. Um die sogenannten Spartentrennung einzuhalten, gründet ein und derselbe Konzern dann die Supertoll Sach-Versicherung AG, die Supertoll Lebensversicherung AG, die Supertoll Krankenversicherung AG, usw.

2. Für unsere Ausgangsfrage können wir drei wesentliche Versicherungssparten unterscheiden, Lebensversicherungen, Krankenversicherungen und andere Versicherungen.

Wer es ganz genau wissen möchte, sei auf die Anlage 1 zum Versicherungsaufsichtsgesetz verwiesen. Hier findet sich die umfangreiche „Einteilung der Risiken nach Sparten".

Krankenversicherung

Die Krankenversicherung zähle ich hier nur der Vollständigkeit halber auf. Natürlich kann man ganze Bücher über das Thema der privaten Krankenvollversicherung schreiben. In diesem Kapitel geht es allerdings um das Ausräumen von begrifflichen Unklarheiten und mir sind nicht viele Fälle begegnet, in denen unklar war, was wohl die Krankenversicherung versichert.

Lebensversicherungen

Bei der Lebensversicherung denken viele an eine Versicherung, die Geld zahlt, wenn jemand stirbt. Das tut allerdings die Risiko-Lebensversicherung, die selbst nur eine Unterart der Lebensversicherung ist. Danach wird häufig an eine Versicherung zum Kapitalaufbau gedacht. Da gibt es dann zum Beispiel die fondsgebundene Lebensversicherung. Auch das ist nicht falsch, aber auch hier handelt es sich nur um eine Unterart. Denn beispielsweise auch die Berufsunfähigkeitsversicherung zählt zu den Lebensversicherungen und mit ihr auch alternative Absicherungen mit ähnlichem Zweck, wie die Erwerbsunfähigkeits- oder die Grundfähigkeitsversicherung. Lebensversicherung ist, was das menschliche Leben und den menschlichen Körper als Gegenstand hat und dabei nicht zur Krankenversicherung gehört. Dazu zählen das Arbeiten, das Sterben, der Rentenbezug. Man spricht bei den Risiken, die im Leben so auf Sie warten, von biometrischen Risiken. Eine Versicherung auf biometrische Risiken ist demnach zwar eigentlich auch die Krankenversicherung, dennoch wird der Ausdruck häufig gleichbedeutend mit Lebensversicherung verwendet. Dass der (frühzeitige) Tod und die Berufsunfähigkeit Risiken sind, werden wohl die wenigsten abstreiten. Im Falle der kapitalbildenden Lebens- und Rentenversicherung muss man sich gedanklich schon ein wenig verbiegen, um ein wirkliches Risiko auszumachen. Man spricht hier vom sogenannten Langlebigkeitsrisiko. Den Punkt, ob Versicherungen zur Vorsorge im Alter geeignet sind oder nicht, werde ich an anderer Stelle vertiefen.

Andere Versicherungen

Was dann noch bleibt, sind die anderen Versicherungen. In der Tat spricht der § 8 VAG von „andere[n] Versicherungssparten". Das sind vor allem Versicherungen, die Sachen versichern, beispielsweise den Hausrat, das KFZ, das Wohngebäude und die deshalb Sachversicherungen genannt werden. Häufig meint man mit dem Begriff der Sachversicherung auch Haftpflichtversicherungen. Nun könnte man argumentieren, dass in der Haftpflichtversicherung die Sache Geld versichert ist. Das verliert man nämlich, wenn man haftet und keine Versicherung dafür hat. Trotzdem findet man häufig die Bezeichnung Kompositversicherungen, oder man spricht vom SHU-Bereich. Das steht für Schaden, Haftpflicht, Unfall.

Wieso aber gibt es diese Unterscheidung überhaupt? Viel davon spielt sich im Hintergrund, also in der versicherungsmathematischen Grundlage der Vertragsgestaltung, ab und ist für Sie als Verbraucher*in relativ gleichgültig. Einige wichtige Unterschiede gibt es aber. So ist die Laufzeit sehr unterschiedlich geregelt. Eine Berufsunfähigkeitsversicherung läuft im Idealfall bis zum Alter 67, leider sind auch häufig deutlich kürzere Laufzeiten versichert. Das birgt eine Gefahr, weil Sie die Jahre bis zur Altersrente ja irgendwie überbrücken müssen. Eine Hausratversicherung dagegen läuft meist ein Jahr, möglich sind hier bis zu drei. Es gibt auch immer wieder SHU-Verträge, die für einen längeren Zeitraum als diese drei Jahre vereinbart sind. Man kann diese Verträge allerdings so behandeln, als wären nur drei Jahre vereinbart zum Ablauf des dritten Jahres kündigen. Dieser Unterschied in den Sparten hat zum Beispiel Folgen für die Berechnung der Provision, die sich meist an der Laufzeit orientiert. Viel wichtiger ist aber, dass eine Lebensversicherung, also auch Berufsunfähigkeits- oder Risikolebensversicherung, nur in extremen Ausnahmefällen vom Versicherer gekündigt werden kann. Eine Haftpflicht- oder Hausratversicherung kann der Versicherer erheblich früher kündigen. Genauso wie Sie auch. Und zwar zum Ablauf der Vertragslaufzeit, also meist nach einem Jahr oder auch nachdem ein Schadensfall reguliert wurde.

Auch gelten im Bereich der Kompositversicherungen ganz andere Regeln für Mehrfachversicherungen, wenn Sie also mehrere Versicherungen für die gleiche Sache, oder Unterversicherungen, also eine Sache zu niedrig versichert haben.

Ist Ihnen aufgefallen, dass eine Versicherung durch das vorgestellte Raster fällt? Sie versichert ein Wagnis, dass direkt das menschliche Leben betrifft, findet sich aber nicht im Bereich der Lebensversicherung und ist auch keine Krankenversicherung. Es geht nicht um irgendeine spezielle Spartenversicherung, sondern um eine der Klassikerinnen, die Ihnen allen ein Begriff sein wird. Es ist die Unfallversicherung. Obschon ein biometrisches Risiko versichert ist, wird sie nach dem Konzept der Kompositversicherung kalkuliert und ist damit unter Umständen auch durch den Versicherer kündbar. Gerade für Verträge, die als Alternativen zur Berufsunfähigkeitsversicherung verkauft werden, ist das eine ganz wesentliche Information, denn es besteht die Gefahr, dass Ihr Vertrag gekündigt wird und Sie plötzlich ohne die wichtige Arbeitskraftabsicherung dastehen.

Kapitel 4
Risikoversicherung und Kapitalanlageversicherung

Lassen Sie uns noch etwas tiefer in die verschiedenen Arten von Versicherungen eintauchen. Wir hatten zu Beginn den Ursprung der Versicherung betrachtet. Und auch wenn man es manchmal aus den Augen verliert, ist es eigentlich jedem klar: Versicherungen braucht man dort, wo es das Risiko eines Schadens gibt. Das kann ein Schaden sein, der am Eigentum entsteht und etwa von der Hausrat-, Wohngebäude-, oder KFZ-Kaskoversicherung bezahlt wird. Es kann ein Schaden an der eigenen Gesundheit sein, auch wenn diese Formulierung makaber klingt. Trotzdem ist es gerade dann schön, dass es hierfür eine Krankenversicherung gibt. Selbst wenn wir uns vor zu hohen Kosten, etwa durch einen Rechtsstreit, schützen wollen, kann eine Versicherung helfen, nämlich die Rechtsschutzversicherung. Als Schaden werden hier die Kosten der Rechtsdurchsetzung, etwa für den Anwalt, betrachtet. Der Ausgleich eines Schadens ist der originäre Zweck einer Versicherung.

Und doch existieren in Deutschland Millionen Verträge, für die das nicht zutrifft. Es handelt sich um Versicherungen, die dann zum Tragen kommen, wenn alles glatt läuft. Will man es unbedingt in die Schablone der ursprünglichen Versicherung pressen, ist das Risiko, das durch diese beachtliche Zahl an Versicherungen abgesichert wird, das Risiko des Älterwerdens. Schon die Bezeichnung eines langen Lebens als Risiko, womöglich noch in völliger Gesundheit und Kreise einer liebenden Familie, macht deutlich, dass hier etwas nicht stimmen kann. Es handelt sich bei diesen Verträgen um Lebens- und Rentenversicherungen zum Kapitalaufbau. Sie erinnern sich sicher an das letzte Kapitel: Das Risiko zu versterben versichert die Risiko-Lebensversicherung und zahlt im Todesfall einen Geldbetrag an Hinterbliebene aus. Wenn ich in diesem Kapitel von Lebensversicherungen spreche, meine ich nicht die ganze Sparte, sondern jeweils nur die Verträge, die dem Kapitalaufbau dienen.

Die Lebensversicherung ist Teil der deutschen Nachkriegsgeschichte. Manche assoziieren mit ihr Sicherheit, viele aber auch Abzocke, schlechte Beratung, Skandale um Vergnügungsreisen, den Niedergang des gesetzlichen Rentensystems, Lobbyismus und sicherlich noch vieles mehr. Es ist eine erstaunliche Fügung, dass die Versicherungsart, die wie keine zweite in Deutschland das Bild einer ganzen Branche geprägt hat, eigentlich gar keine Versicherung im ursprünglichen Sinne ist, sondern viel mehr eine Kapitalanlage.

Hier soll nicht auf die Frage nach Sinn und Unsinn dieser Erfindung einer Versicherung als Kapitalanlage eingegangen werden. Vielmehr möchte ich, dass Ihnen der Unterschied zwischen einer Risiko- und einer Kapitalanlageversicherung deutlich wird. Dabei weicht die Definition, die ich Ihnen hier vorstelle vom üblichen Sprachgebrauch in der Versicherungswirtschaft ab. Bereits vorher hatte ich vorgestellt, dass Versicherungsunternehmen üblicherweise die Bereiche Sach, manchmal auch Sach, Haftpflicht, Unfall oder kurz SHU einerseits und Leben andererseits unterscheiden. Sämtliche Versicherungen im Bereich SHU folgen der originären Versicherungsidee. Ein Schaden löst bei passendem Versicherungsschutz eine Leistung aus. Der Bereich Leben bezeichnet häufig jenen Bereich, der die biometrischen Risiken versichert und eine Person nicht in Bezug auf ihr Vermögen, sondern als Lebewesen betrachtet. Ich möchte das Kapitel zu den Versicherungsarten nicht wiederholen. Es geht mir darum, dass die Unterscheidungen, wie sie dort vorgestellt wurden und in der Versicherungsbranche üblich sind, meines Erachtens wenig dazu beitragen, dass Verbraucher*innen daraus einen Nutzen für die Übersichtlichkeit Ihrer Verträge ziehen können. Stattdessen möchte ich Ihnen eine Unterscheidung vorstellen, die ich für besser geeignet halte, um die Versicherungen zu ordnen, die in einem Privathaushalt anzutreffen sind. Nämlich jene in Risikoversicherungen (Achtung: nicht Risiko-Lebensversicherung!) und Kapitalanlageversicherungen.

Als Kennzeichen einer Risikoversicherung lege ich fest: Leistung gibt es grundsätzlich nur, wenn sich ein tatsächliches Risiko in einem Schaden verwirklicht. Betrachten wir den Bereich Leben. Hier finden wir einerseits Risikoversicherungen. Die Risiko-Lebensversicherung leistet eine Geldsumme, wenn das Risiko sich verwirklicht, dass die versicherte Person stirbt. Die Berufsunfähigkeitsversicherung leistet in den meisten Fällen eine monatliche Rente, wenn der Schaden eintritt, dass die versicherte Person berufsunfähig wird. Gleichzeitig haben wir hier aber auch die Rentenversicherung. Sie leistet eine lebenslange Rente, wenn ein bestimmtes Alter erreicht wird. Was nicht nötig ist: Ein Schaden. Die Lebensversicherung, ob fondsgebunden oder mit garantierter Verzinsung, leistet zu einem bestimmten Zeitpunkt eine bestimmte Summe. Auch hier: Kein Schaden.

Sie geben bei der Lebensversicherung also einem Versicherungsunternehmen Ihr Geld und haben die Erwartung, es später wieder zu erhalten. Das ist nachvollziehbar, aber steht doch völlig konträr zu Ihrem Umgang mit Ihren sonstigen Versicherungsbeiträgen. Dort zahlen Sie und sind froh, wenn keine Leistung von der Versicherungsgesellschaft an Sie nötig wird. Denn dann ist nicht Schlimmes passiert. Es mag Ihnen vielleicht unnötig erscheinen, dass ich ein ganzes Kapitel auf diesen banalen Unterschied verwende. Denn, wie gesagt, auf die Frage nach Sinn und Unsinn einer Versicherung als Geldanlage werde ich vorerst noch gar nicht eingehen. Mir ist an dieser Stelle wichtig, dass Sie folgendes nachvollziehen können:
Es gibt nach meinem Dafürhalten Risikoversicherungen und Kapitalanlageversicherungen und wenn Sie den Unterschied kennen, wird es

Ihnen leichter fallen, wichtige Entscheidungen nicht aus dem Bauch heraus zu treffen, sondern nach informierter Überlegung.

Ich möchte Ihnen ein Beispiel geben. Die Versicherung gegen den Verlust der Arbeitskraft gehört meiner Meinung nach zu den wichtigsten überhaupt. In aller Kürze funktioniert diese Versicherung aus dem Bereich Leben regelmäßig folgendermaßen: Wenn Sie Ihren zuletzt ausgeübten Beruf für einen bestimmten Zeitraum zu 50% nicht mehr ausüben können, leistet der Versicherer bis zu einem bestimmten Lebensalter eine vorher vereinbarte Rente. Dadurch sollen Sie in der Lage sein, ein Einkommen oberhalb des staatlich gesicherten Existenzminimums zu erhalten. Die Kosten für eine solche Versicherung sind in der Regel recht hoch. Je nach Beruf, Alter, Tarif, gewünschter Rentenhöhe und Vorerkrankungen bewegt sich der monatliche Beitrag meist zwischen 30 € und 150 € im Monat. Der Grund für die vergleichsweise hohen Beiträge ist recht einfach erklärt.

Das Risiko ist hoch. Berufsunfähigkeit betrifft einen größeren Teil der Bevölkerung als die meisten erwarten. Gerade Büroangestellte gehen häufig davon aus, dass Sie davon nicht betroffen sein können, da ihnen mutmaßlich seltener Werkzeuge auf den Kopf fallen können als anderen Berufsgruppen. Das unterschätzt allerdings massiv den Anteil psychischer Beschwerden als Auslöser von Berufsunfähigkeit. Im Extremfall kann eine Berufsunfähigkeit über ihr gesamtes Arbeitsleben hinweg bestehen. Haben Sie beispielsweise eine Berufsunfähigkeitsversicherung, die Ihnen bis zum Beginn der Altersrente mit 67 jeden Monat 1500 € leistet, und werden mit 31 berufsunfähig, bedeutet das für die Versicherungsgesellschaft Zahlungen von bis zu 648.000 €. Versicherer haben in dieser Versicherungsart also sowohl eine hohe Eintrittswahrscheinlichkeit als auch eine hohe Summe zu leisten, folglich müssen Sie als Kunde einen hohen Beitrag zahlen. Zum Vergleich: Auch in der Privathaftpflichtversicherung gibt es Schadensfälle, die sehr teuer werden. Hohe Haftpflichtschäden treten aber mit einer geringeren Wahrscheinlichkeit auf. Deshalb zahlen Sie für Ihre Privathaftpflichtversicherung auch einen geringeren Beitrag.

Eine der häufigsten Reaktionen in der Beratung zur Arbeitskraftsicherung ist die Frage: ‚Wenn mir jetzt also nichts passiert, bis ich in Rente gehe, habe ich jahrelang jeden Monat viel Geld bezahlt und das Geld ist einfach weg?'. Sie können nach den letzten Seiten entspannt antworten: ‚In der Tat. Denn die Berufsunfähigkeitsversicherung ist eine Risikoversicherung.' Hier gibt es genau so wenig Geld zurück wie in der Haftpflichtversicherung, der Hausratversicherung oder in sonst einer Versicherung, die einen Schaden voraussetzt. Daran ändert es auch nichts, dass die BU zur Sparte der Lebensversicherungen gehört und die Beiträge teilweise so hoch sind wie für eine Rentenversicherung. Wenn Sie sich für eine Berufsunfähigkeitsversicherung interessieren, muss Ihnen das klar sein. Wieso muss es das? Weil es Sie davor bewahren kann, Produkte zu kaufen, die womöglich unpassend für Sie sind. Es gibt in der Berufsunfähigkeitsversicherung Tarife, die einen Teil Ihrer Beiträge anlegen, oder die mit Lebens- oder Rentenversicherungen gekoppelt sind. Lassen Sie mich ein wenig erklären, was es mit diesen gekoppelten Versicherungsprodukten auf sich hat. Diese Formulierung wird verwendet, wenn man von Versicherungen spricht, bei denen in einem Vertrag im Grunde zwei Vertragsarten zusammengelegt werden.

Besonders weit verbreitet sind die angesprochenen Kopplungen von Berufsunfähigkeitsversicherungen mit Lebens- und Rentenversicherungen. Es gibt aber auch Unfallversicherungen mit Lebensversicherungen. Außerdem gibt es die klassischen Rundum-Sorglos-Pakete aus Haftpflicht, Hausrat und Unfallversicherung, etc. Auch die Wohngebäudeversicherung mit eingeschlossener Haus- und Grundbesitzerhaftpflicht wird vertrieben. Den bisherigen (traurigen) Rekord, hält eine Renten-, Berufsunfähigkeits-, Pflege-, Schwere Krankheiten-,

Risiko-Lebensversicherung in einem einzigen Vertrag, die mir einmal vorlag. Rundum-Sorglos klingt doch gut, mögen Sie einwenden. Ich sage Ihnen, wieso ich das anders sehe.

Wenn Sie nach der passenden Hausratversicherung und der passenden Haftpflichtversicherung suchen, werden Sie nicht immer die gleichen Versicherungsgesellschaften auf dem ersten Platz Ihres Vergleichs finden. Dabei ist es egal, ob Sie eines der üblichen Vergleichsportale nutzen oder einen professionellen, kostenpflichtigen Tarifrechner. Allerdings beginne ich bewusst mit dem schwächsten Beispiel. Gerade bei Hausrat und Haftpflicht kann durchaus ein Versicherer so gut in beiden Bereichen sein, dass es sich aus Gründen der Vereinfachung lohnt, mehrere Verträge bei einem Anbieter zu haben. Nun reden wir hier aber über Vertragsarten, in denen man vergleichsweise wenig falsch machen kann, solange man sich an die Musterschüler der Tarife hält. Im Bereich der Versicherungen auf biometrische Risiken, also allem, wo der Mensch mit seinem Leben und seinen Fähigkeiten versichert wird, sind die Unterschiede drastischer. Der passende Rentenversicherer ist selten der passende Berufsunfähigkeitsversicherer ist selten der passende Pflegeversicherer, usw. Sie sehen, wohin das führt. Je mehr verschiedene Versicherungen in einen Vertrag gepackt werden, umso geringer ist schlichtweg die Wahrscheinlichkeit, dass alle Tarife zu den Besten gehören.

Wie Sie mittlerweile wissen, vertrete ich eher eine kritische Position bei der Frage, ob man viele Versicherungen braucht. Vieles geht über den eigentlichen Sinn der Versicherung hinaus, Sie vor Schäden zu schützen, die Ihre finanzielle Unabhängigkeit bedrohen. Dadurch produziert man vor allem Papier und Kosten. Gekoppelte Produkte bieten diese Gefahr umso mehr, da man verleitet ist, diesen oder jenen Baustein eben noch mitzunehmen. ‚Kostet ja nur 2,36 € im Monat.' Es gibt Versicherungsordner, in denen sich diese 2,36 €-Bausteine aufs Jahr gerechnet zu einem dreistelligen Betrag summieren. Absurd wird es, wenn sich das Argument der besseren Übersichtlichkeit über die eigenen Versicherungen durch die Kopplung ins Gegenteil verkehrt. Viele Menschen haben dieselbe Versicherung mehrfach, weil Sie sie einmal in einem gekoppelten Produkt besitzen und einmal als eigenständigen Vertrag. Denn es ist ja nicht so, dass ein gekoppelter Vertrag einfach die Inhalte, Vertragsbedingungen und Verbraucher*inneninformationen von zwei getrennten Verträgen auf die eines Vertrages reduzieren kann. Eingespart werden kann dabei nur Weniges und so sind die Unterlagen auch umfangreicher und für viele verwirrender.

Das Hauptargument gegen diese Verträge ist meiner Meinung nach aber die mangelnde Flexibilität. Sehen wir uns das Produkt der gekoppelten Lebens-/Rentenversicherung mit einer Berufsunfähigkeitsversicherung in seiner Vertragsgestaltung an. Diese Verträge sind in aller Regel so konstruiert, dass die Lebens-/Rentenversicherung den Hauptvertrag bildet und die Berufsunfähigkeitsversicherung als Zusatzversicherung dranhängt. Lesen Sie in einem Angebot oder Vertrag das Kürzel BUZ, so steht das für Berufsunfähigkeitszusatzversicherung. Im Gegensatz dazu nennt man einen eigenständigen Vertrag SBU, das steht für Selbstständige Berufsunfähigkeitsversicherung. Möchte man nun in einem gekoppelten Vertrag die Zusatzversicherung verändern, verändert man normalerweise automatisch die Lebens-/Rentenversicherung mit, da diese ja der Hauptvertrag ist. Will man die Rente der Berufsunfähigkeitsversicherung erhöhen, muss man auch die Zahlung in die Lebensversicherung erhöhen. Will man umgekehrt die Lebensversicherung kündigen, weil man das Geld braucht oder sein Anlageverhalten ändern möchte, kündigt man automatisch die Berufsunfähigkeitsversicherung mit. Im Zweifel sollte der Grundsatz gelten: Risikoabsicherung geht vor Vermögensaufbau. Wenn die Absicherung der Arbeitskraft dann aus einem kurzfristigen Geldmangel gekündigt werden muss, ist das fatal. Wenn es reichen würde nur die Lebensversicherung zu kündigen und die Berufsunfähigkeitsversicherung zu behalten, man das aber nicht darf, dann ist es noch viel schlechter, weil es vermeidbar ist. Es gibt auch gekoppelte Verträge auf dem Markt, die der hier dargestellten Regeln nicht folgen. Eine Entkopplung ist dann relativ problemlos durchführbar. Leider ist das aber noch eine Ausnahme und dann auch den Versicherten oft gar nicht bewusst.

Ich davon gesprochen, dass auch Sach- und Haftpflichtversicherung gerne in einen Vertrag gepackt werden. Fairerweise muss man sagen, dass sich im Unterschied zum biometrischen Bereich hier grundsätzlich die Bausteine einzeln anpassen oder kündigen lassen. Genauso muss ich allerdings sagen: Die wenigstens Verbraucher*innen wissen das. Sie haben den Vertrag als einen einzelnen abgeschlossen, haben eine einzelne Vertragsnummer und ihnen fehlt das Hintergrundwissen, um es anders zu beurteilen. Folglich behandeln sie diese auch als einen einzelnen Vertrag und denken, sie müssten einen Baustein behalten, den sie gegebenenfalls selbst unsinnig finden, um auch den wichtigen Teil zu behalten.

Einen Sonderfall stellen noch Berufsunfähigkeitszusatzversicherungen dar, die gekoppelt an Rürup-/Basisrenten verkauft werden. Diese werden häufig schon an junge Leute mit dem Argument verkauft, später Steuer sparen zu können. Abgesehen davon, dass ich es für wenig nachvollziehbar halte, jemandem, der normalerweise noch überhaupt keine Steuern zahlt und dessen zukünftige steuerliche Situation wie alles im Leben nicht vorsehbar ist, ein Produkt mit der Begründung der Steuerersparnis zu empfehlen, werden die Berufsunfähigkeitsrenten aus solchen Verträgen auch steuerlich anders behandelt. Um es nicht über Gebühr zu vertiefen, heißt das:

1.   Ja, Sie müssen auf BU-Renten grundsätzlich Steuern zahlen.

2. Auf BU-Renten aus gekoppelten Rürup-/Basisrenten zahlen Sie gegebenenfalls mehr Steuern als auf eine Rente aus einer vergleichbaren selbstständigen Berufsunfähigkeitsversicherung.

Natürlich kann immer eine besondere Situation für ein solches Produkt sprechen. Doch durch den zweiten Punkt müssen Sie eine höhere Rente versichern, um im Notfall die gleiche Absicherung auf dem Konto zu haben. Das Argument, dass gekoppelte Verträge Geld sparen würden, wird dadurch erheblich in seiner Überzeugungskraft gemindert.

Risikoversicherung und Kapitalanlageversicherung haben im Grunde eine Gemeinsamkeit, diese gilt aber auch nur mit Einschränkungen. Es gibt eine Versichertengemeinschaft, die für ähnliche Zwecke Geld in einen Topf wirft, um es später an bestimmte Gruppen auszuzahlen. Darüber hinaus haben sie relativ wenig Essenzielles miteinander zu tun. In der Regel tun Sie sich keinen Gefallen damit, diese beiden Versicherungsarten zu vermischen. Sie erwarten von Ihrer KFZ-Versicherung nicht, dass Sie Ihnen Vermögen bildet. Erwarten Sie das also bitte auch von keiner anderen Risikoversicherung, auch wenn sie sich zum Bereich Leben zählen mag. Haben Sie einen solchen Vertrag? Falls ja, möchte ich Sie an dieser Stelle noch einmal an die Einleitung erinnern. Es sind durchaus Situationen denkbar, in denen dieses Produkt für Sie das richtige ist, selbst wenn es zum Zeitpunkt des Abschlusses eine bessere Option gegeben hat. Das kann daran liegen, dass Sie aufgrund Ihres Alters oder zwischenzeitlich aufgetretener Erkrankungen keinen neuen Vertrag bekommen würden. Kündigen Sie eine bestehende Absicherung gegen ein essenzielles Risiko niemals, bevor Sie eine funktionierende Alternative haben. Eine funktionierende Alternative haben Sie erst dann, wenn Sie den Versicherungsschein der neuen Versicherung in der Hand halten.

Kapitel 5
Wieso gibt es private Versicherungen und die staatliche Sozialversicherung?

Für fast jeden Lebensbereich gibt es sowohl Absicherungen über die staatliche Sozialversicherung als auch Angebote privater Versicherer. Zumindest in Deutschland ist das der Normalzustand. Es gibt die gesetzliche Rentenversicherung und private Rentenversicherungen. Neben der gesetzlichen Unfallversicherung kann man auch private Versicherungen gegen Invalidität durch Unfälle abschließen. Ist man nicht mehr in der Lage zu arbeiten, kann eine private Berufsunfähigkeitsversicherung helfen. Aber wieso gibt es dann die staatliche Erwerbsminderungsrente? Wieso, könnte man ganz allgemein fragen, hat man sich nicht für eines von beiden Systemen entschieden?

Auch hier ist ein Blick in die Geschichte nicht nur hilfreich, sondern gewissermaßen nötig. Denn die grundlegende Frage, was im Bereich der persönlichen Verantwortung verortet ist und was besser der Staat regeln sollte, wird in verschiedenen politischen Kulturen unterschiedlich beantwortet. Nehmen Sie als Beispiel den sogenannten Kontrahierungszwang in der Krankenversicherung. Darunter versteht man die Verpflichtung einen angebotenen Vertrag auch abzuschließen. Es ist eigentlich eine große marktwirtschaftliche Errungenschaft und mittlerweile Selbstverständlichkeit, dass Geschäftspartner*innen sich frei entscheiden können, miteinander Verträge zu schließen oder es sein zu lassen. Händler*innen werden nicht von Gesetzes wegen gezwungen, ihre Waren bei bestimmten Produzent*innen zu kaufen und an bestimmte Konsument*innen zu verkaufen. Und doch halten wir es in Deutschland für völlig normal, dass genau das der Fall ist, wenn es zum Beispiel um die Krankenversicherung geht. Hier wird häufig sogar noch übersehen, dass dieser Kontrahierungszwang nicht nur für die gesetzliche Krankenversicherung gilt. Auch private Krankenversicherungen, also vom

Staat rechtlich unabhängige Wirtschaftsunternehmen, müssen Sie in gewissen Situationen in bestimmten Tarifen versichern, ob es ihren unternehmerischen Wünschen entspricht oder nicht. Die politische Kultur in Deutschland schätzt die Pflicht der Gesellschaft zur Versorgung kranker Menschen höher ein als die individuelle Verantwortung, sich selbst darum zu kümmern. Die US-amerikanische Kultur könnte kaum zu gegensätzlicheren Ergebnissen gelangen. Das US-amerikanische Beispiel zeigt aber auch, wie diese Frage anhaltende Ursache tiefgreifender Diskussionen und gesellschaftlicher Zerwürfnisse sein kann.

So liegt auch in Deutschland der Ursprung der Sozialversicherungen nicht in einem gutmütigen Kompromiss aller politischen Kräfte und in der Einsicht in den gesunden Menschenverstand, sondern in berechnender Machtpolitik. Die Regierung des Reichskanzlers Bismarck sah sich in der zweiten Hälfte des 19. Jahrhunderts mit einer zunehmenden Konkurrenz durch die frühe Sozialdemokratie konfrontiert. Die demokratische Regierungsübernahme durch die Parteien der Arbeiter*innenbewegung konnte letztlich nur durch legale Wahlmanipulation verhindert werden. So hatten durch das sogenannte Drei-Klassen-Wahlrecht die Wahlstimmen ärmerer Menschen deutlich weniger Einfluss auf den Wahlausgang als jene der reicheren Bevölkerung. Ein solches Wahlsystem wäre nach den heutigen Maßstäben des Grundgesetzes verfassungswidrig. Die Wahlkreise waren zudem mitunter so geschnitten, dass ein Stadtviertel mit mehreren Millionen Arbeiter*innen genauso nur einen einzigen Abgeordneten stellte und somit dieselbe Repräsentation im Parlament erhielt, wie ein Viertel mit wenigen hunderttausend vermögenderen Bürger*innen. Um der dennoch vorhandenen Bedrohung der eigenen Regierungsmacht zu begegnen, entschied sich Otto von Bismarck für eine zweigleisige Strategie. Einerseits wurden Institutionen wie Vereine, Zeitungen und Parteien, die der Sozialdemokratie nahestanden, verboten und verfolgt. Andererseits wurde versucht, der Bewegung den Nährboden zu entziehen, indem die schlimmsten Folgen der damals noch kaum regulierten Wirtschaft abgemildert wurden. Das geschah durch die Schaffung staatlicher Sozialversicherungen. 1883 und 1884 wurden die gesetzliche Krankenversicherung und die gesetzliche Unfallversicherung auf den Weg gebracht. 1889 folgte die gesetzliche Rentenversicherung. Deutlich später und in einem mittlerweile kurzzeitig demokratischen Deutschland wurde 1927 die Arbeitslosenversicherung auf nationalstaatlicher Ebene organisiert. Vorher existierten ausschließlich kommunale Erwerbslosenfürsorgen. 1995 kam schließlich die gesetzliche Pflegeversicherung als letzter Baustein der fünf Sozialversicherungszweige hinzu, wie wir sie heute kennen.

Was aber ist nun der Zweck dieser Sozialversicherungen und wie hilft Ihnen das in Bezug auf die Eingangsfrage dieses Kapitels? Der Zweck Bismarcks war es, eine Grundversorgung zu schaffen, die die unteren Schichten davon abhält aus Verzweiflung über ihre Armut zu revoltieren. Das mag hart klingen, ist aber die historische Faktenlage. Die Regierungsform hat sich seit Kaiser und Reichskanzler glücklicherweise geändert, und auch die Leistungen aller Sozialversicherungen wurden dem steigenden Lebensstandard angepasst. Mal mehr, mal weniger. Zweck der Sozialversicherungen war es aber nie und ist es auch heute nicht, allen ein sorgenfreies und unbeschwertes Leben zu ermöglichen, auch wenn die Klagen einzelner Klientelparteien diesen Eindruck gelegentlich erwecken können. Einzige Ausnahme mag zeitweise die gesetzliche Rentenversicherung gewesen sein. Hier wurde von der Nachkriegszeit bis zur Jahrtausendwende das Ziel verfolgt, den Menschen ein Einkommen im Rentenalter zu ermöglichen, das in etwa dem Lebensstandard entsprechen sollte, den sie sich im Erwerbsleben erarbeitet hatten. Dass dieser Ansatz der Vergangenheit angehört, dürfte allseits bekannt sein. Ansonsten ging und geht es den Sozialversicherungen immer um die Sicherung eines Existenzminimums. Für alles, was Sie darüber hinaus geschützt wissen wollen, benötigen Sie eine private

Versicherung. Diesen Gedanken sollten Sie immer bewahren, wenn Sie sich fragen, ob nicht eine staatliche Sozialversicherung ausreichend ist. Deren Ziel ist es, Sie vor absoluter Armut zu bewahren. Ziel ist es nicht, dass Sie Ihren Lebensstandard halten können.

Lassen Sie uns einmal mehr den Fall annehmen, dass Sie nach einem Schicksalsschlag nicht mehr in der Lage sind, Ihr Erwerbseinkommen zu erarbeiten. Ohne genauere Prüfung haben wir es hier mit einem Fall für die staatliche Erwerbsminderungsrente zu tun, einer Leistung der gesetzlichen Rentenversicherung. Ich will hier keine Zahlen zu durchschnittlichen Rentenhöhen angeben, die in Kürze wieder veraltet sind und Ihren individuellen Fall doch nicht abbilden. Bei Interesse finden Sie mit Hilfe einer kurzen Google-Suche schnell die aktuellen Daten auf der Homepage der Deutschen Rentenversicherung. Die genauen Zahlen Ihrer persönlichen Rentenansprüche ergeben sich aus Ihrer individuellen Rentenberechnung. Verkürzt gesagt sind das die Dauer und Höhe der geleisteten Beiträge, sowie Zeitpunkt und Grund des Renteneintritts. Sie finden Ihre persönlichen Ansprüche bei Erwerbsminderung zudem auf Ihrer persönlichen Renteninformation. Sollten Sie keine weiteren Einnahmen, etwa aus Vermietung oder Kapitalanlage besitzen oder von Ihrer Familie unterstützt werden, bedeutet die geringe Höhe der Erwerbsminderungsrente für viele Menschen schlichtweg, dass sie zusätzlich noch einen zweiten Antrag stellen müssen. Nämlich den auf Hilfe zum Lebensunterhalt oder Grundsicherung im Alter und bei Erwerbsminderung, auch bekannt als Sozialhilfe. Möchten Sie eine Absicherung über diese Mindestversorgung hinaus sicherstellen, bleibt Ihnen nichts anderes übrig, als das privat zu tun.

Der Gedanke der grundlegenden Existenzsicherung der Erwerbsminderungsrente lässt sich weitgehend auf die anderen Formen der Sozialversicherungen übertragen. Die oben angesprochenen Zeiten, in denen die gesetzliche Rentenversicherung ausgereicht hat, um den

Lebensstandard im Allgemeinen zu erhalten, sind definitiv vorbei. Die Problematik in Bezug auf die Altersvorsorge sollte sich mittlerweile herumgesprochen haben. Wenn Sie ihr ganzes Berufsleben mindestens durchschnittlich verdient haben werden Sie mutmaßlich nicht auf Hartz-4-Niveau fallen, aber doch massive Einschnitte in Ihren monatlichen Einnahmen hinnehmen müssen. All jene, die unterdurchschnittlich verdient haben, sei es durch lange Ausbildungszeiten, Teilzeitarbeit, eingeschränkte Berufswahl oder ähnliches, werden noch weitaus weniger erhalten. Die Regelungen zur gesetzlichen Rente unterliegen politischen Entscheidungen und sind deshalb schwer vorherzusehen. Mit Blick auf den demographischen Wandel ist jedoch realistischerweise kaum von einem abrupten, zeitnahen Kurswechsel auszugehen. Auch für diese Form der Sozialversicherung gilt also: Grundlegende Sicherung statt Sicherung des Lebensstandards.

Ohne jede Säule der Sozialversicherung mit Ihnen durchexerzieren zu wollen, ist mein Punkt sicherlich klar geworden. Der deutsche Sozialstaat genießt weltweit einen sehr guten Ruf und das auch zurecht. Extreme Einzelfälle ausgeschlossen, wird das Überleben im Notfall gesichert. Dass es hierbei noch viel zu oft zu Gängelungen und individueller Ungerechtigkeit kommt, steht außer Frage. Es sollte aber nicht übersehen werden, welchen gigantischen Fortschritt dieses System im Ganzen darstellt. Sowohl verglichen mit den Zuständen, gegen die die frühe Arbeiter*innenbewegung aufbegehrte und dadurch die Bismarck´schen Zugeständnisse erkämpfen konnte als auch im internationalen Vergleich. Lassen Sie sich davon aber wiederum nicht blenden. Überprüfen Sie dennoch, ob die Sozialversicherungen Risiken, von denen Sie betroffen sein können, für Sie ganz persönlich ausreichend abdecken. Die gesetzliche Unfallversicherung leistet keine Zahlung, wenn Sie sich beim Fußballspielen mit Freunden verletzen, denn das ist nur bei Unfällen im Zusammenhang mit Ihrem Beruf der Fall. Die gesetzliche Rentenversicherung wird nicht mehr als ein Grundeinkommen im Alter ermöglichen und schon im nächsten Jahr kann der Leistungskatalog der gesetzlichen Krankenversicherung um Zuschüsse reduziert werden, die bisher selbstverständlich schienen. So ging es Menschen mit Sehschwäche, die bis 2003 die Kosten für Brillen erstatten bekamen, seitdem aber nur noch in begründeten Ausnahmefällen. Wenn Ihnen in einem oder allen Bereichen die staatlichen Leistungen genügen, ist das völlig legitim. Bitte stellen Sie nur sicher, dass Sie keine Leistung erwarten, die es nicht geben wird. Selbst wenn sich eine Entscheidung als falsch herausstellen sollte, ist es leichter damit zu leben, wenn man es im Bewusstsein der Konsequenzen tat, und nicht aus Unwissenheit. Das Sozialversicherungssystem in Deutschland sichert eine Grundlage. Wie Sie mit allem darüber hinaus umgehen, liegt bei Ihnen.

Kapitel 6
Was wird von Ihren Versicherungsbeiträgen bezahlt?

Kommen wir zurück zum Kern jeder modernen Versicherung. Dem großen Topf, in den viele Menschen einzahlen, um womöglich irgendwann einmal Leistungen daraus zu erhalten, wenn eine Gefahr eintritt - der Versichertengemeinschaft. Stellen Sie sich an dieser Stelle bitte eine kleine Gruppe von zwanzig Menschen vor, etwa eine Hausgemeinschaft. Diese Gruppe möchte auf eigene Faust einen solchen Topf anlegen, um sich gegenseitig in Krisensituationen zu unterstützen. Sagen wir für den Fall, dass einem der zwanzig Mitglieder der Kühlschrank kaputt geht. Sollte sich dieses Risiko realisieren, wird der neue Kühlschrank aus dem gemeinsamen Topf bezahlt. Hierfür legt jeder und jede 2 € im Monat in eine kleine Schatulle. Jeder Cent, der zur Absicherung eingezahlt wird, steht also für die Auszahlung im Risikofall zur Verfügung. Nach einem schadensfreien Jahr hat unsere kleine Versichertengemeinschaft stolze 480 € angespart. Weil die Nachbar*innen merken, dass sie ungern ein Kästchen mit mehreren hundert Euro Bargeld herumliegen haben, entscheiden sie sich ein Girokonto hierfür anzulegen. Die monatlichen Raten gehen ab dann bequem per Dauerauftrag ein, aber für das Konto selbst wird aufgrund einer Niedrigzinsphase eine Kontoführungsgebühr von 1,50 € im Monat fällig. Trotz gleichbleibender Sparraten bleiben damit pro Jahr nur noch 462 € für den Risikofall.

Zu Beginn des dritten Jahres, kurz nach Neujahr, kommt es dann zum Schadensfall. Nicht nur ein einziger Kühlschrank geht kaputt, sondern aufgrund eines Kurzschlusses die Kühlschränke in vier Wohnungen. Die 942 € reichen nicht aus, um wie geplant in jedem Schadensfall einen neuen Kühlschrank kaufen zu können. Gebrauchte Geräte müssen also ausreichen. Auf der darauffolgenden Versammlung der Hausgemeinschaft, die gleichzeitig unsere Versichertengemeinschaft ist, bilden sich zwei Fraktionen. Die einen sehen den Versuch als gescheitert an. Es ist eben wie bei allen Versicherungen, man zahlt jahrelang ein und wenn es dann darauf ankommt, bekommt man fast nichts zurück. Die zweite Fraktion kommt zu einem völlig gegenteiligen Ergebnis. Das Konzept war super, niemand blieb auf seinen Kosten allein sitzen. Gäbe es nur mehr Beitragszahler, könnten auch solche Situationen geschultert werden, in denen mehrere Geräte in kurzer Zeit kaputt geben. Die zweite Fraktion setzt sich durch. Um möglichst schnell viele neue Mitglieder zu gewinnen, erhält jeder, der einen Freund überzeugt mitzumachen, einen Amazon-Gutschein in Höhe von 10 €. Am Ende des dritten Jahres ist unsere kleine Versichertengemeinschaft weit über das ursprüngliche Haus hinaus angewachsen und hat 50 Mitglieder. Diese 50 Mitglieder zahlen im Jahr 1200 € ein. Davon gehen 18 € für die Kontoführungsgebühren ab, zusätzlich wurden 300 € in Form von Amazon-Gutscheinen ausbezahlt. Von den 1200 € einbezahlten Beiträgen bleiben damit 882 € für die Neuanschaffung von Kühlschränken übrig. An dieser Stelle wollen wir den kleinen Ausflug in das Experiment der selbstverwalteten Kühlschrankversicherung beenden und uns die Nutzung der Beiträge genauer ansehen. Welche Bestandteile des Beitrages können wir aus dieser stark verkürzen Parabel entnehmen?

Der erste ist der offensichtlichste. Natürlich wird ein Teil des Beitrages angesammelt, um im Schadensfall Kosten bezahlen zu können. Dieser Teil des Beitrages kann als Risiko-Teil bezeichnet werden. Jede Versicherung enthält aber auch Kosten. Diesen Kosten-Teil haben wir in der Parabel durch die Kontoführungsgebühren kennengelernt. Natürlich treten in der Realität noch eine Vielzahl weitere Kosten auf, etwa für die Schadensbearbeitung, die Erstellung der Police, die Bearbeitung des Antrages und so weiter. Ein weiterer Faktor wird dann dem Kosten-Teil durch die Vertriebskosten hinzugeschlagen. Im Bereich der Kapitalanlageversicherungen sind Provisionen und sonstige Vertriebskosten bereits ein stark diskutiertes Thema. Aber wussten Sie, dass Sie in der Regel für auch für Ihre Sach-Haftpflicht-Unfall-Versicherungen jedes

Jahr Vertriebskosten zahlen? Vielleicht kennen Sie es von Ihrer Privathaftpflichtversicherung, dass diese sich automatisch nach einem Jahr verlängert. Jede dieser Verlängerungen ist mit neuen Provisionen behaftet. Wieviel genau hängt vom jeweiligen Tarif und Versicherer ab. Ob Sie in dieser Zeit einen Schaden oder auch nur Kontakt mit dem Versicherer hatten, spielt dabei keine Rolle. Auch das wissen viele nicht: Diesen Kosten-Teil zahlen Sie, ob Sie den Vertrag in der Niederlassung oder auf der Homepage der Versicherungsgesellschaft, bei einem Vertreter, einer Maklerin oder auf einem Vergleichsportal abschließen. Ausgenommen davon sind lediglich die wenig verbreiteten, sogenannten Netto-Tarife, teilweise spricht man auch von Tarifen ohne Abschlusskosten. Genau genommen sind es jedoch Tarife, die keine Kosten für Provisionen oder Courtagen enthalten. Diese beiden Begriffe bedeuten in der Praxis regelmäßig das gleiche. Solche Tarife erhalten Sie jedoch nur dann, wenn Sie eine Beratung in Anspruch genommen haben, für die Sie selbst ein Honorar bezahlt haben. Ich werde die verschiedenen Formen der Beratung in Kürze vertiefen.

Die Begriffe Brutto und Netto haben in Bezug auf Versicherungen ungeschickterweise gleich eine dreifache Bedeutung. Zum einen, so haben wir eben geklärt, kann ein Netto-Tarif ein Tarif ohne Vertriebskosten sein, im Gegensatz dann zu einem Brutto-Tarif. Hier werden Provisionen oder Courtagen berechnet. Eine weitere Bedeutung haben Brutto und Netto in Bezug auf die Steuer. Sie zahlen nämlich von Ihren Versicherungsbeiträgen bei vielen Versicherungsarten auch die Versicherungssteuer. Hier meint der Brutto-Beitrag den Beitrag mit Versicherungssteuer. Es ist also der Beitrag, den Sie letztlich überweisen müssen. Der Netto-Beitrag ist in diesem Fall der Beitrag vor Steuern. Eine weitere Bedeutung erhält die Unterscheidung Brutto-Netto im Bereich der Versicherungen auf biometrische Risiken. Beispiele, in denen dieser Unterschied sehr deutlich wird, sind die Risikolebensversicherung und die Berufsunfähigkeitsversicherung, bzw. andere Absicherungen der

Arbeitskraft. Sie finden in solchen Verträgen häufig Angaben wie etwa: ‚Der monatliche Beitrag beträgt 89,55 €. Ihr aktueller monatlicher Zahlbeitrag beträgt 70,83 €.‘ Auch hier wird teilweise der höhere Beitrag als Brutto-Beitrag bezeichnet, der niedrigere als Netto-Beitrag. Diese nicht unerhebliche Differenz in Ihrem monatlichen Beitrag entsteht durch die sogenannte Überschussbeteiligung. Sehr verallgemeinert gesprochen sind das Gewinne der Versicherer. So kann es einem Versicherer gelingen, am Ende des Jahres bei Betrachtung der Einnahmen und Ausgaben einen Überschuss aufzuweisen. Dieser Überschuss, sofern er erwirtschaftet wurde, muss unter gewissen Vorgaben an Sie als Versicherte weitergegeben werden. In der Regel werden Ihnen bei Vertragsschluss mehrere Möglichkeiten der Verwendung der Überschüsse angeboten. In unserem obigen Beispiel wurden die Überschüsse zur Beitragsreduzierung verwendet. Sollte der Versicherer Ihnen keinen Cent an Überschüssen ausschütten können, müssten Sie tatsächlich 89,55 € zahlen. Denn da nicht vorhergesagt werden kann, ob es in Zukunft überhaupt Überschüsse gibt, wird ihnen der reduzierte Beitrag nur für ein Jahr garantiert.

Achten Sie beim Abschluss auf diesen Unterschied und seien Sie sich bewusst, dass eine Erhöhung auf den Brutto-Beitrag grundsätzlich möglich ist. Es existieren Tarife, in denen es dadurch zu einer Verdopplung des monatlichen Beitrags kommen kann. Eine niedrige Differenz von Brutto und Netto kann ein Qualitätsmerkmal eines Tarifs sein, das Sie vor unerwarteten Beitragserhöhungen schützt. Es ist auch möglich, die Überschüsse zur Erhöhung der Leistung zu verwenden oder um ein kleines Kapital anzusparen. Auf den letzten Fall bin ich bereits im Kapitel zu den Risiko- und Kapitalanlageversicherungen eingegangen. Aber ich möchte es gerne noch einmal betonen: Legen Sie das Geld, das sie durch eine Beitragsreduzierung erhalten, lieber selbst an. Sie sind damit deutlich flexibler und haben oft auch renditestärkere Anlagemöglichkeiten zur Auswahl.

Wir haben es also im Allgemeinen mit drei Beitrags-Teilen zu tun, die sich unterteilen lassen. Hierauf wird dann gegebenenfalls noch die Versicherungssteuer erhoben.

1. Der Risiko-Teil

2. Der Verwaltungskosten-Teil

3. Der Vertriebskosten-Teil

Hinzu kommt im Fall von Kapitalanlageversicherungen noch

4. Der Kapitalanlage-Teil

Mit diesem Wissen und den vorangegangenen Kapiteln fällt es Ihnen nun auch nicht schwer zu erkennen, wieso es unpassend sein kann, Kapitalanlageversicherung mit Risikoversicherung zu vermischen. Nehmen wir an, dass Sie jeweils 100 € in zwei Versicherungen einbezahlen. Eine dient nur der Kapitalanlage, die zweite soll zusätzlich das Risiko eines Schadens absichern, häufig des Todesfalls. Im ersten Fall verteilen sich die 100 € auf den Verwaltungskosten-Teil, in der Regel den Vertriebskosten-Teil und letztlich den Kapitalanlage-Teil. Die zweite Versicherung enthält zusätzlich Kosten für einen Risikofall. Somit bleibt weniger Geld Ihres Beitrages für die Kapitalanlage übrig. Natürlich wird das Geld nicht einfach unterschlagen. Sie bekommen dafür ja die Todesfallabsicherung. Häufig fahren Sie aber aus Gründen der Flexibilität besser, wenn Sie diese in einem gesonderten Vertrag versichern.

Sollten Sie einen Netto-Tarif abschließen, der keine Kosten für Provisionen oder Courtagen enthält, entfällt natürlich auch zu großen Teilen oder sogar gänzlich der Vertriebskosten-Teil. In der Regel berechnet sich die Provision, die sie für die Vermittlung eines Versicherungsprodukts aus dem Leben-Bereich zahlen, auf Grundlage der kompletten Beitragshöhe über die Laufzeit des Vertrages. Das gilt also etwa bei Berufsunfähigkeitsversicherungen, Rentenversicherungen oder Risiko-Lebensversicherungen. Bei besonders langlaufenden Verträgen wird die Beitragszahlungsdauer für die Berechnung der Provision teilweise begrenzt. Bei Kapitalanlageversicherungen hat die Provision, wie auch alle anderen Kosten, natürlich einen negativen Einfluss auf die Rendite. Ein Teil Ihres Geldes fließt ja nicht in die Anlage, sondern deckt diese Kosten. Das kann im Vergleich zu einem Tarif ohne Provision einen Verlust bedeuten, der ein Vielfaches der ursprünglichen Abschlussprovision beträgt. Achten Sie außerdem gut darauf, bei welcher Gelegenheit erneut Provisionen fällig werden. Eine Erhöhung Ihres Beitrages oder eine Zuzahlung gilt regelmäßig als erneuter Abschluss über diesen Betrag und wird mit Provisionen belastet. Viele neuere Verträge enthalten eine sogenannte Beitragsdynamik. Ihr Beitrag erhöht sich also jedes Jahr um einen festgelegten Prozentsetz, sofern Sie dem nicht widersprechen. Auch diese Beitragserhöhungen lösen im Normalfall eine Provision aus.

Die verschiedenen Kosten eines Produkts sollten deshalb in die Überlegung einbezogen werden, ob ein solches Produkt dem Anlagewunsch entspricht. Bei Risikoversicherungen halte ich den Unterschied nicht für so dramatisch, da es hier nicht um eine Rendite geht. Andererseits müssen Sie natürlich ein Honorar für die Beratung selbst zahlen, um an einen Netto-Tarif zu kommen. Die Höhe des Honorars wird von vielen Beratern nach dem Zeitaufwand berechnet, wobei nicht selten Stundensätze von 150 € veranschlagt werden. Teilweise werden jedoch auch Pauschalen angeboten, die Ihnen die Planbarkeit erleichtern. Wenn Sie also dringend ein existentielles Risiko absichern müssen, sich aber das einmalige Honorar nicht leisten können, schließen Sie bitte lieber einen

Vertrag mit Vertriebskosten ab, anstatt auf den Schutz zu verzichten. Entscheidend ist, dass Sie sich bei jeder Beratung und jedem Abschluss im Klaren sind über das Zustandekommen der damit verbundenen Kosten und deren Einfluss auf den verfolgten Zweck der Versicherung.

Kapitel 7
Wer berät zu Versicherungen und vermittelt sie?

Was denken Sie, wie viele Versicherungsberater*innen es gibt? Gehen Sie doch nur einmal die Büros durch, die Ihnen in Ihrem Wohnviertel in den Sinn kommen. Ich kann Ihnen sagen, dass die Wahrscheinlichkeit, dass sich das Büro einer Versicherungsberaterin in Ihrem Viertel befindet, gegen Null geht. In Deutschland gibt es ungefähr 300 bis 400 Versicherungsberater*Innen. Die genauen und aktuellen Zahlen können Sie der Homepage der Deutschen Industrie- und Handelskammer entnehmen. Das was Sie häufig als Versicherungsberater*innen wahrnehmen sind Versicherungsvermittler*innen. Aber wo liegt der Unterschied? Dabei hilft ein Blick ins Gesetz, genauer gesagt der Gewerbeordnung (GewO). Dort sind in § 34d die verschiedenen Berufsbilder normiert. Ich versuche, hier die Quintessenz aus den dortigen Regeln und einigen weiteren abzubilden.

Ausschließlichkeitsvermittler*innen/-vertreter*innen
Dieser Vermittler*innentyp entspricht der umgangssprachlich gängigen Bezeichnung eines Versicherungsvertreters am genausten. Er ist ausschließlich für eine Firma tätig und verkauft deren Produkte. In der Regel erhält er für den Verkauf eine Provision, wobei es auch einige wenige Versicherungsunternehmen gibt, die sich einen angestellten Vertrieb leisten. Naturgemäß ist dieser Vermittlertyp kaum geeignet, eine breite Marktauswahl abzubilden.
Wenn Sie allerdings schon wissen, welche Versicherung bei welcher Gesellschaft Sie abschließen möchte, können Sie sich durchaus direkt an Ausschließlichkeitsvermittler*innen wenden. Da hier nur ein eingeschränktes Produktportfolio angeboten wird, kann dieses im Idealfall umso besser bis ins letzte Detail beraten werden.
Auch interessant kann die Unterstützung durch Ausschließlichkeitsvermittler*innen beispielsweise bei der Wohngebäudeversicherung sein.

Häufig ist hier für die Beurteilung des zu versichernden Gebäudes ein Außentermin hilfreich, um den exakten Zustand zu ermitteln. Diesen Service bieten in vielen Landstrichen nur Ausschließlichkeitsvermittler*innen an.

Mehrfachvermittler*innen/-vertreter*innen

Ähnlich wie Ausschließlichkeitsvermittler*innen vertreten sie Versicherungsgesellschaften, nur eben nicht nur eine, sondern mehrere. Sie haben also eine größere Auswahl an Produkten als Auschließkeitsvermittler*innen. Es ist vorgekommen, dass Mehrfachvermittler*innen bei ihren Kund*innen den Eindruck erweckt haben, sie seien Makler*innen. Es gibt hierfür sogar den Begriff des Anscheinsmaklers. Was auch immer wieder Mehrfachvermittler*innen nicht bekannt ist: Wer sich als Makler*in ausgibt, der haftet unter Umständen auch wie Makler*innen, was für Mehrfachvermittler*innen unangenehme Folgen haben kann. Es stehen für den Abschluss deutlich mehr Produkte zur Auswahl als beim Ausschließlichkeitsvertrieb, womit allerdings auch weniger Detailkenntnis einhergehen kann. Gleichzeitig fehlt der (fast) vollständige Marktüberblick der Makler*innen und deren weiterführende Unterstützungsmöglichkeiten und -pflichten Ihnen gegenüber, auf die ich im Folgenden eingehe.

Wichtig ist die Rechtsstellung der Versicherungsvertreter*innen. Im Versicherungsvertragsgesetz heißt es:

„Soweit nach diesem Gesetz die Kenntnis des Versicherers erheblich ist, steht die Kenntnis des Versicherungsvertreters der Kenntnis des Versicherers gleich." (§ 70 S. 1 VVG)

Klar muss Ihnen deshalb sein, dass Vertreter*innen rechtlich viel mehr auf der Seite des Versicherers stehen als auf Ihrer. Daran ist absolut nichts Verwerfliches, solange es eindeutig kommuniziert wird.

Versicherungsmakler*innen

Makler*innen können Ihnen fast den gesamten Markt an Versicherungen zum Abschluss anbieten. Es gibt jedoch auch einige Versicherer, die ihre Tarife ausschließlich über ihren eigenen Außendienst oder ihm Direktvertrieb an Kund*innen verkaufen, dann meist übers Internet. In seinem (für eine sehr beschränkte Zielgruppe) legendären Urteilsspruch hat der Bundesgerichtshof bereits im Jahr 1985 Makler*innen als den „treuhänderähnlichen Sachwalter" des Kunden bezeichnet. Wie bei Legenden üblich, kommt es in der Wiedergabe oft zu Abweichungen, da ist dann nämlich meist die Rede von treuhänderisch statt treuhänderähnlich. Das ist zwar nicht genau die Formulierung, die an der entscheidenden Stelle verwendet wird und nimmt dem eigentlichen Spruch des Bundesgerichtshofs etwas von seiner poetisch-korrekten Sprache (auch für diese Poesie gibt es nur eine sehr kleine Zielgruppe), davon bleibt aber die Kernaussage unberührt. Ganz besonders deshalb, weil der Bundesgerichtshof schon im gleichen Urteil sich selbst mit dieser abweichenden Formulierung zitiert. Kernaussage ist, dass Makler*innen verpflichtet sind, im Interesse der Kund*innen zu handeln und in deren Lager stehen. Sie unterstützen nicht nur beim Abschluss der Verträge, sondern auch bei deren Verwaltung und können auch durch Vollmacht in bestimmten Bereich in Ihrem Namen handeln. Auch bei der Schadensabwicklung unterstützen sie. Gleichzeitig erhalten Makler*innen in der Regel ihr Geld aber von Versicherungsgesellschaften für den Abschluss von Verträgen. Nämlich in Form von Courtagen. Dass hier ein Berufsstand sein Geld nicht von der Partei erhält, auf deren Seite er rechtlich steht, sondern gerade von der Gegenseite, halte ich für einen schwierigen Spagat. Dieser lässt sich meines Erachtens auch nicht logisch, sondern nur historisch erklären. Auch wenn vergleichsweise wenige davon regelmäßig Gebrauch machen, beraten einige Makler*innen auch gegen Honorar.

Versicherungsberater*innen

Versicherungsberater*innen sind die mit Abstand kleinste Berufsgruppe in dieser Übersicht. Je nach Zeitpunkt der Zählung sind es zwischen 300 und 400 in ganz Deutschland. Versicherungsberater*innen dürfen unter keinen Umständen eine Vergütung von Versicherungsgesellschaften annehmen. Hierdurch soll eine größere Unabhängigkeit im erteilten Rat ermöglicht werden. Bezahlt werden Versicherungsberater*innen also von Ihnen als Auftraggeber*in direkt. Der Vollständigkeit halber sei erwähnt, dass ein völliger Ausschluss von Interessenskonflikten in unserem Wirtschaftssystem unmöglich ist. So hört man gelegentlich die Kritik, dass Versicherungsberater*innen sich dann eben sehr viel Zeit lassen würde, um mehr Stunden abrechnen zu können. Ich kann nicht ausschließen, dass das vorkommt. Viele Berater*innen arbeiten aber beispielsweise mit Gebührenvereinbarungen, die ab einer bestimmten Summe gedeckelt sind. Wenn auch Sie auf eine solche oder ähnliche Vereinbarung achten, droht Ihnen am Ende keine Überraschung bei den Kosten. Versicherungsberater*innen dürfen auch Verträge vermitteln. Wenn Sie das tun, werden es aber nur so genannte Netto-Policen sein, die keine Kosten für Provisionen enthalten. Dennoch ist ihnen die Vermittlung eindeutig erlaubt und nicht verboten, wie sich immer noch an vielen Stellen lesen lässt. Zusätzlich ist es bei Versicherungsberater*innen üblich, dass sie eine Vollmacht erhalten und gegenüber der Versicherungsgesellschaft als Vertreter*innen ihrer Mandant*innenschaft auftreten. Das tun sie auch in Streitfällen mit der Versicherung, die bei vielen nach wie vor die ausschließliche Tätigkeit darstellt. Versicherungsberatung ist ursprünglich in erster Linie Rechtsberatung zu Versicherungen und so war lange Zeit für die Zulassung als Versicherungsberater*in auch eine gerichtliche Zulassung nötig.

Das Gesetz unterscheidet also zwischen Versicherungsvermittler*innen einerseits, und fasst damit Versicherungsvertreter*innen und Versicherungsmakler*innen zusammen, und Versicherungsberater*innen andererseits. Der offensichtlichste Unterschied liegt in der Bezahlung. Versicherungsvermittler*innen werden in der Regel für die Vermittlung, also den Verkauf, von Versicherungen bezahlt. Teilweise erhalten sie eine weitere laufende Auszahlung für bestehende Verträge, eine sogenannte Bestandsvergütung. Es ist richtig, dass Versicherungsberater*innen und Versicherungsvermittler*innen in der gleichen Branche arbeiten. Letztlich liegt der Fokus des einen Berufsbildes aber der Idee und dem Gesetz nach erstrangig auf dem Vertragsschluss und der ordnungsgemäßen Beratung dazu, auf Bestandspflege und der Hilfe beim Schadensfall. Bei dem anderen liegt der Fokus darauf, zu Versicherungen rechtlichen Rat zu erteilen, es findet teilweise aber auch eine Vermittlung statt. Makler*innen nehmen dabei in vielen Bereichen eine Art Zwischenstellung ein.

Entscheidend ist für Sie letztlich, mit welcher Haltung ihr Gegenüber an seine Arbeit geht. Manche denken vielleicht bei Berater*innen, an Personen, die Entscheidungen für Sie treffen. Diesen Ansatz lehne ich ab und ich kenne viele Vermittler*innen, die das genauso tun. Wer sie berät, entscheidet nicht für Sie. Ob Sie vor Gericht ziehen, entscheidet nicht Ihre Anwältin, sondern Sie. Um die Folgen abschätzen zu können, holen Sie sich jedoch ihren Rat. Wieso sollte es bei Versicherungen anders laufen? Die Entscheidungen darüber, was Sie mit Ihrem Geld und Ihrer Zeit anstellen, sollte ab einem gewissen Alter niemand außer Ihnen selbst und eventuell Ihrer Familie treffen. Ich kann an dieser Stelle nur an Sie appellieren, diese Chance zur Selbstermächtigung zu ergreifen. Wer freimütig verkündet, eigentlich mit Versicherungen nichts am Hut haben zu wollen und möchte, dass schwierige Entscheidungen andere für einen selbst treffen, wer so freiwillig seine Entscheidungsgewalt abgibt, der kann sich nur schwerlich beklagen, wenn ihm am Ende das Ergebnis nicht passt. Die Art der berufsrechtlichen Zulassung sagt letztlich nichts über fachliche Expertise und menschliche Herangehensweise aus und erfolgreiche Vermittler*innen verdienen durch Abschlüsse genug, um auch in anderen Fällen davon abraten zu können.

Die Versicherungsbranche hat dennoch in weiten Teilen der Bevölkerung einen schlechten Ruf. Ich sehe einen hauptsächlichen Grund darin, dass Dinge, die eigentlich etwas gänzlich Unverfängliches sind, nicht klar kommuniziert werden und dadurch einen faden Beigeschmack erhalten. Es gibt schlichtweg keinen Grund, sich des vermeintlich besseren Images halber Vermögensberater, Finanzberaterin, Versicherungs-Coach oder wie auch immer zu nennen. Diese Berufe gibt es nämlich in der Gewerbeordnung schlichtweg nicht und folglich können sich viele so nennen. Versicherungsberater*in, Versicherungsmakler*in und Versicherungsvertreter*in hingegen sind die vom Gesetz festgelegte Berufe. Es würde der Versicherungsbranche gut zu Gesicht stehen und für einen besseren Ruf sorgen, wenn klipp und klar formuliert werden würde, wenn eine Beratung vor Abschluss und in gewissen Rahmen in der laufenden Betreuung stattfindet, nicht mehr und nicht weniger. Es gibt durchaus Makler*innen und Vertreter*innen, die das so handhaben und ganz offen kommunizieren, dass Sie für Beratung beim Verkauf und im Bestand verantwortlich sind, für bestimmte versicherungsspezifische Fragen aber mit Anwält*innen oder Versicherungsberater*innen zusammenarbeiten und an diese verweisen. Ebenso sollte es eine Selbstverständlichkeit für Versicherungsberater*innen sein, an hochkompetente Makler*innen oder Vertreter*innen zu empfehlen, wenn diese in einem Bereich besser qualifiziert sind. Das könnte entscheidend dazu beitragen, das Image der gesamten Branche zu verbessern. Und Sie als Kund*innen und Mandant*innen hätten den Vorteil, dass auch Sie genau wissen, was Sie von welchem Berufsbild erwarten können.

Wie aber finden Sie nun heraus, wen Sie in einem Gespräch zu Ihren Versicherungen vor sich haben? Das ist im Grunde ganz einfach. Wer die Erlaubnis zur Vermittlung von oder der Beratung zu Versicherungen hat, ist verpflichtet sich dahingehend auszuweisen. Versicherungsvermittler*innen sind nach § 34d Abs. 1 GewO registriert und Versicherungsberater*innen nach § 34d Abs. 2 GewO. Diese Angabe muss sich auch auf Internetseiten im Impressum finden. Außerdem müssen Berater*innen oder Vermittler*innen ihre Registrierungsnummer bei der Industrie- und Handelskammer angeben. Unter vermittlerregister.info können Sie anhand dieser Nummer die Art der Zulassung erfahren. Für Vergleichsportale gelten übrigens die gleichen Regeln. Hier passiert nichts anderes, als dass ein Unternehmen eine Internetseite betreibt, auf der Abschlüsse für Versicherungsgesellschaften vermittelt werden. Folglich sollten Sie im Impressum jedes dieser Portale einen Hinweis auf eine Registrierung nach § 34d der Gewerbeordnung finden. Falls nicht, hat dieses Portal womöglich in Kürze spürbare rechtliche Konsequenzen zu befürchten. Ich stoße hier immer wieder auf Erstaunen, deswegen möchte ich das an dieser Stelle deutlich festhalten. Auch hier zahlen Sie natürlich beim Abschluss der Produkte eine Provision. Davon lebt das Unternehmen, das hinter dem Vergleichsportal steht.

Kommen wir zu der womöglich wichtigsten Frage in diesem Kapitel. Wie kommen Sie nun am besten an Ihre Versicherungen und wo holen Sie sich Hilfe, wenn Sie nicht weiterwissen? Ich hoffe, es ist mir gelungen zu zeigen, dass es nicht die eine richtige Antwort darauf gibt. Bestenfalls lautet sie mit maximalem Fatalismus: Die Entscheidung liegt bei Ihnen. Aber nur sofern Sie sie nicht aus Gewohnheit oder Bequemlichkeit, sondern nach reiflicher Überlegung treffen. Das gilt besonders bei eher einfacher gestrickten Versicherungen, wie Haftpflicht und Hausrat. Wer es sich zutraut, kann diese natürlich auch im Internet abschließen, verzichtet dafür aber auf hilfreiches Expert*innenwissen.

Denn nur, weil die Funktionsweise einer Versicherung leichter verständlich ist, heißt das nicht, dass das Produkt, dass Sie finden, Ihrer persönlichen Situation perfekt entspricht. Sie bekommen hier also sicher das, was Sie wollen, aber Ihnen wird niemand sagen, wenn sie eigentlich etwas anderes brauchen. Eine Versicherungsberaterin und auch manch ein Vermittler können Ihnen Zugang zu Netto-Policen mit günstigeren Beiträgen ermöglichen, da auf die Vertriebskosten verzichtet wird. Diese Einsparung haben Sie jedes Jahr aufs Neue, solange Sie die Versicherung behalten. Es lohnt sich also nachzurechnen, ob Ihnen ein einmaliges Honorar diese Ersparnis wert ist. Bei Kapitalanlageversicherungen ist der Vorteil hierdurch oft besonders deutlich.

Am Ende läuft es darauf hinaus, ob Sie der Person vertrauen, die Ihnen bei Ihren Versicherungsangelegenheiten am Tisch gegenübersitzt. Werden Ihnen Auswahlprozesse der Produkte transparent gemacht? Geht Ihr Gegenüber offen mit Einschränkungen in der Produktauswahl um? Findet Service auch dann statt, wenn es nicht um den Abschluss geht? Wird Ihnen auch von Abschlüssen abgeraten? Deckt das empfohlene Produkt Mindeststandards für diese Versicherungsart ab? Wenn Sie nämlich nicht nur blind vertrauen, sondern informiert sind und gute Erfahrungen gesammelt haben, ist es im Grunde egal, welche Zulassung Ihre Gesprächspartnerin besitzt. Lediglich in Streitfällen mit dem Versicherer, die mehr als eine unerhebliche Bedeutung für Sie haben, halte ich das Aufsuchen von Versicherungsberater*innen für zweckdienlicher, da das, je nach Spezialisierung, einfach deren hauptsächliches Arbeitsgebiet ist. Häufig besitzen diese auch enge Kontakte zu Anwält*innen, sollte sich die Auseinandersetzung nicht außergerichtlich beilegen lassen.

Kapitel 8
Wann leisten Versicherungsgesellschaften?

Grundsätzlich leisten Versicherungsgesellschaften dann, wenn sie es müssen. Es ist die wohl häufigste Klage zu Versicherungen oder auch ein beliebtes Argument, sie gar nicht erst abzuschließen. ‚Man zahlt jahrelang Beiträge und wenn dann etwas passiert, zahlen die ja doch nicht.‘ Aber das stimmt schlichtweg nicht. Jedes Jahr werden in Deutschland durch die Versicherungswirtschaft Schäden mit Summen reguliert, die den Staatshaushalt so mancher kleineren Nation alt aussehen lassen. Ich sehe mich im Dualismus Versicherte – Versicherungsunternehmen deutlich auf der Seite der Versicherten und hoffe sehr, Sie werden dem zustimmen, während Sie meine Ausführungen lesen. Dennoch komme ich immer wieder zu dem Schluss, dass beim Problem mit nicht zahlenden Versicherungen leider ein ganz erheblicher Teil der Verantwortung bei den Versicherten selbst liegt.

Aber lassen Sie uns etwas früher beginnen, um einen grundsätzlichen Blick darauf zu werfen, in welchem (teils widersprüchlichen) Verhältnis Sie sich zu Ihrer Versicherungsgesellschaft befinden und wieso es sogar gut ist, dass manche Leistungsanträge abgelehnt werden. Gehen wir von dem Fall einer Risikoversicherung aus. Kurz gesagt, zahlen Sie einen festgelegten Beitrag und erwerben hierfür den Anspruch gegen den Versicherer, dass er in vorher festgelegten Fällen Leistungen an Sie ausbezahlt. Ich verwende hier ganz bewusst den Ausdruck ‚einen Anspruch gegen jemanden erwerben‘. Das Bürgerliche Recht, das den üblichen Transfer von Geld, Waren und Dienstleistungen in Deutschland regelt, arbeitet gerne mit Ansprüchen. Wenn Sie an eine Currywurstbude herantreten, den Satz: ‚Eine Currywurst, bitte.‘, äußern und die geforderten 2 € auf die Theke legen, und die Currywurstbudenbetreiberin sodann mit: ‚Kommt sofort.‘, antwortet, dann sind Ansprüche entstanden. Die Dame hinter der Theke erwirbt den Anspruch auf Erhalt der 2 €. Sie erwerben den Anspruch auf eine Currywurst. Das gleiche Prinzip liegt Ihrem Versicherungsvertrag zugrunde. Sie haben Ihre Versicherung, damit diese Ihnen hilft. Das heißt nicht, dass Sie Freunde sind. Es heißt aber auch nicht, dass Sie keine Freunde sein können. Auch die Currywurstbudenbetreiberin kann Ihre Freundin sein, aber vor dem Gesetz sind Sie im Moment des Geschäftsverkehrs Anspruchsgegner*innen. Und Gegner*innen heißen so, weil Sie gegensätzliche Interessen verfolgen. Sie haben das Interesse, dass die Versicherungsgesellschaft dann zahlt, wenn Sie es möchten. Die Versicherungsgesellschaft hat zum einen das Interesse mit Ihren Beiträgen Gewinn zu erwirtschaften und zum zweiten, nur denen Leistung auszuzahlen, denen sie zusteht. Den Ausweg aus diesem Dilemma bieten Verträge, die exakt festlegen, wann welche Verpflichtungen eintreten. Ich bin mir bewusst, dass diejenigen eher zu einer exotischeren Gruppe Mensch gehören, denen das Studium von Versicherungsbedingungen kein endloses Grauen bedeutet. Für die meisten sind Versicherungsverträge wohl eher ein ermüdender Berg Papier. Dieser Berg Papier schafft Ihnen aber Klarheit. Ich habe eingangs gesagt, dass der Versicherer dann zahlen wird, wenn er es muss. In den Vertragsunterlagen ist festgehalten, wann er zahlen muss. Wenn Sie mit dem Versicherer uneins sind, ob er nun zahlen muss oder nicht, haben Sie die Möglichkeit sich eine rechtliche Vertretung zu nehmen und unter Umständen zu klagen. Auch das klingt nicht gerade nach Spaß, aber ist eine Errungenschaft des Rechtsstaats, die Sie nicht unterschätzen sollten.

Trotzdem haben wir hier einen Kampf mit ungleichen Waffen vor uns. Auf der einen Seite stehen die Bedingungen des Vertrags, die von ausgebildeten und spezialisierten Jurist*innen in deren Fachjargon formuliert werden. Diese Jurist*innen sind vertraut mit Gesetzen und Urteilen und haben einen allgemein sehr großen Erfahrungsschatz. Auf der anderen Seite stehen Sie als Verbraucher*in und wollen möglichst unkompliziert, dass Sie vor bestimmten Risiken geschützt sind. Aber hieran führt kein Weg vorbei. Der Versicherer wird dann zahlen, wenn er es muss, weil es in den Bedingungen steht. In den meisten Fällen wird er das auch anstandslos tun. Ich möchte dem Eindruck entgegentreten, dass Versicherer bei jeder Gelegenheit die Zahlung verweigern. Dass Zahlungen unrechtmäßig verweigert werden, kommt gelegentlich vor und in solchen Fällen bietet es sich natürlich an, sich Hilfe von Verbraucherzentralen, Versicherungsberater*innen oder Anwält*innen zu suchen. Die Leistung verweigern ist aber nicht das, was ‚Versicherer immer machen'.

Auch Ihnen als Teil der Versicherungsgemeinschaft sollte zudem daran gelegen sein, dass Kosten nach nachvollziehbaren Regeln erstattet werden. Denken Sie kurz an unser Gedankenexperiment mit der Hausgemeinschaft, die Ihre eigene Versicherung für Kühlschränke eingerichtet hatte. Stellen Sie sich vor, Sie wären Teil dieser Versichertengemeinschaft und würde erfahren, dass einer Ihrer Mitbewohner Geld bekommen hat, obwohl gar nicht sein Kühlschrank kaputt war, sondern sein Herd. Oder machen wir es etwas komplizierter. Sie haben eine schicke Einbauküche, die aber schon etwas in die Jahre gekommen ist. Als Ihr eigener Kühlschrank kaputt geht, muss gleich ein komplettes Schrankmodul ausgetauscht werden, da ihr passendes altes Kühlschrankmodell nicht mehr hergestellt wird. Soll die Kühlschrankversicherung der Hausgemeinschaft nur den Kühlschrank zahlen oder auch das Schrankmodul? Sind die Arbeitsstunden der Montage-Firma enthalten? All diese Fälle können für viele Diskussion, Empfindungen von Ungerechtigkeit und Streitereien sorgen, die das Projekt der eigenen Versicherung schnell an ein Ende bringen können. Komplizierte und komplexe Regeln sind anstrengend aber oft die einzige Lösung, um Willkür zu begegnen. Versicherungsgesellschaften sprechen in solchen Fällen gerne davon, dass sie dieses oder jenes tun müssen, um ‚die Versichertengemeinschaft zu schützen'. Das klingt höhnisch, wenn das in einem Schreiben steht, mit dem eine Leistung verweigert wird, die zu erhalten man sich im Recht wähnt. Es ist aber eine Grundbedingung für das Funktionieren der Versicherungsidee.

In der Regel gibt es drei wesentliche Punkte, die bei praktisch jedem Versicherungsvertrag mindestens erfüllt sein müssen, damit eine Zahlung durch die Versicherungsgesellschaft stattfinden kann.

1. Sie müssen bei Antragstellung die Wahrheit gesagt haben. Andernfalls liegt eine sogenannte vorvertragliche Anzeigepflichtverletzung vor. Der Versicherer kann argumentieren, dass er einen solchen Vertrag niemals geschlossen hätte, oder Sie zu geringe Beiträge gezahlt haben, weil diese bei Kenntnis des tatsächlichen Risikos viel höher gewesen wären. Im Ergebnis kann es im schlimmsten Fall dazu kommen, dass Sie gar keine Leistung erhalten.

2. Die beschädigte Sache muss eine versicherte Sache sein. Eine Hausratversicherung versichert Ihren Hausrat. Reichen Sie einen Erstattungsantrag wegen einer Beschädigung an Ihrer Hausfassade ein, wird der Versicherer im Normalfall nicht leisten, weil die Fassade nicht zum Hausrat gehört.

3. Die beschädigte Sache muss durch ein versichertes Risiko beschädigt worden sein. Beispielsweise ist nicht in jeder Hausratversicherung eine Versicherung bei Elementarschäden eingeschlossen. Wenn nun eine Sache durch einen Elementarschaden, etwa eine Überschwemmung, beschädigt wird, besteht im Grundsatz kein Anspruch auf Erstattung.

Diese drei Punkte werden noch ergänzt um einen vierten, der eher im Hintergrund stattfindet.

4. Wie bereits bei der Antragstellung sind Sie auch während der Vertragslaufzeit von Pflichten betroffen, die über die reine Zahlung der Beiträge hinausgehen. Diese Pflichten nennt man Obliegenheiten. Eine Obliegenheit ist es beispielsweise, den Schaden zu mindern. Das bedeutet, dass Sie die Schadensursache bekämpfen, soweit das in Ihrer Macht steht. Das kann schon das Abdrehen der Wasserzufuhr bei einem Leitungswasserschaden sein. Sie müssen sich hierbei natürlich nicht selbst in Gefahr begeben. Wenn Ihre Wohnung in Flammen steht, sollten Sie erstrangig die Feuerwehr rufen. Das mag trivial klingen, aber mir begegnen immer wieder Fälle, bei denen Menschen aus Unsicherheit oder Ignoranz gegen einen Schaden wochenlang nichts unternommen haben. Häufig wird der Schaden auch viel zu spät gemeldet. Auch zur Schadensmeldung sind Sie meist vertraglich verpflichtet, in vielen Fällen unverzüglich, also ohne schuldhaftes Zögern. In jedem Fall sollten Sie den Schaden schon aus eigenem Interesse auch dokumentieren. Melden Sie den Schaden dagegen erst nach unnötig langer Wartezeit und unternehmen Sie in der Zwischenzeit auch nichts, um ihn zu mindern, kann es schwierig werden, die volle Erstattung zu erhalten.

Über diese naheliegenden Fälle hinaus gibt es aber Obliegenheiten, die einem weniger schnell in den Sinn kommen. Meist sind es Veränderungen an der versicherten Sache, die die Gefahr erhöhen. Das gilt auch dann, wenn die Gefahrerhöhung nur zeitweise besteht. So kann Ihre Hausratversicherung auch gegen Einbruchdiebstahl schützen. Es ist einfacher, in Ihre Wohnung einzubrechen, wenn an der Außenwand ein

Baugerüst aufgestellt ist. Viele Hausratversicherung verpflichten Sie deshalb dazu, das Vorhandensein dieses Baugerüsts an den Versicherer zu melden. Vor einem ähnlichen Hintergrund wird auch die Meldung von Umbaumaßnahmen am eigenen Haus an die Wohngebäudeversicherung verlangt.

Gerade diese spezielleren Obliegenheiten können von Vertrag zu Vertrag variieren. Es kann verlangt sein, sie zu melden oder nicht. Es kann teilweise zu einer vorübergehenden Beitragserhöhung kommen oder nicht. Schauen Sie ganz genau in Ihre Vertragsunterlagen und verlassen Sie sich keinesfalls auf meine beispielhaften Ausführungen hier. Ihr konkreter Fall könnte anders gelagert sein.

Wenn Sie diese Punkte im Grundsatz beachten, schaffen Sie gute Voraussetzungen, dass Ihrem Leistungsantrag entsprochen wird. Wie gesagt, wird der Versicherer das Gegenteil auch oft gar nicht versuchen. Vielmehr bieten viele Versicherer bei kleineren Beträgen oft sehr kulante Lösungen. Zum einen sind Versicherer ja auch an einer guten Kundenbindung interessiert und werden Sie im Schadensfall unterstützen, beispielsweise indem Sie nach Ihrer ersten Schadensmeldung an die Einhaltung der Obliegenheiten erinnern. Es kostet eine Versicherung zum anderen auch weniger Sie dabei zu unterstützen einen Schaden niedrig zu halten und diesen zu begleichen, als jahrelang mit ungewissem Ausgang über einen viel größeren Schaden zu prozessieren.

Meiner Erfahrung nach sind nicht hintertriebene Versicherungsgesellschaften, die mit jedem Winkelzug den Versicherten um seine rechtmäßig zustehende Leistung prellen wollen, das einzige Probleme. Eine große Schwierigkeit besteht ebenso in der unverschuldeten Unwissenheit der Versicherten, die etwa von Obliegenheiten und den Folgen ihrer Verletzung noch nie gehört haben. Wenn Sie bis hierhin gelesen haben, sind Sie auf einem sehr guten Weg, von diesem Problem nicht mehr betroffen zu sein. Ein weiteres Problem sehe ich darin, dass Versicherte gar nicht den Versicherungsschutz haben, den sie wollen. Es wird also nicht geleistet, weil der entstandene Schaden schlichtweg nicht versichert ist. Es überrascht immer wieder viele Leute, aber eine Versicherung, die immer zahlt, gibt es nicht. Jede Versicherung hat Ausschlüsse, Einschränkungen und Summenbegrenzungen. Dieser Fehlglaube wird im Grunde nur durch eine Ursache ermöglicht. Diese liegt darin, dass sich die Person, die den Vertrag abschließt, nur oberflächlich damit beschäftigt hat und nur zu gerne glauben wollte, dass absolut alles versichert ist, um das Thema endlich abzuhaken. Klar, eine Haftpflichtversicherung leistet im Allgemeinen, wenn Sie jemanden schädigen. Dass das nicht bedeuten kann, dass Sie in absolut allen solchen Fällen leistet, sollte auf der Hand liegen. Das ist in jedem Vertrag, auch außerhalb der Versicherungswelt, üblich. Dass Sie einen Arbeitsvertrag unterschrieben haben, bedeutet ja auch nicht, dass Sie immer unter absolut allen Umständen und zu allen Unzeiten auf Wunsch der Firma zur Arbeit antreten müssen. Dass ein Vertrag für bestimmte Fälle Leistungen ausschließt, ist also einerseits Ergebnis der geltenden Vertragsfreiheit. Andererseits kann es auch ökonomisch Sinn ergeben. Wenn jemand nur bestimmte, elementare Leistungen versichert haben will, kann durch die Inkaufnahme bestimmter Leistungsausschlüsse eine günstigere Versicherungsprämie erreicht werden.

Sie sollten sich zudem auch nach dem Abschluss mit Ihren Versicherungen beschäftigen. Oft werden Verträge über 10, 15, oder 20 Jahre nicht angefasst. Die Leistungen in vielen Versicherungsarten sind aber in dieser Zeit umfangreicher und besser geworden. Auch hier kommt eine gehörige Verantwortung Ihnen selbst zu, die Sie an einem optimalen Schutz interessiert sind. Denn dieser Schutz ist höchst individuell. Überlegen Sie sich vor Abschluss einer Versicherung genau, bei welchen Schadensfällen Sie Versicherungsschutz bräuchten. Kommunizieren Sie das Ihrer Beraterin oder Ihrem Vermittler auch so genau wie möglich. Fragen Sie grundsätzlich nach und wenn Sie mit der Antwort unzufrieden sind, dann fragen Sie weiter. Hören Sie damit auch nicht während der Vertragslaufzeit auf. Wenn Sie eines Morgens aufwachen und sich unsicher sind, ob Schadensfall XY in Ihrem Vertrag versichert wäre, gehen Sie zu einer Stelle, die Sie kompetent dazu berät oder fordern Sie per E-Mail eine Stellungnahme Ihres Versicherers an. An der Komplexität der Versicherungsbedingungen können Sie nichts ändern, genauso wenig am zukünftigen Verhalten der Versicherungsgesellschaft. Sie können aber mit großer Sorgfalt die Versicherung auswählen, die Sie abschließen wollen und sich mit den Obliegenheiten und sonstigen Bedingungen auseinandersetzen und sie beachten. Wenn Sie das tun, sind Sie auch noch nicht davor gefeit, dass Ihr Versicherer eine andere Meinung hat als Sie. Die Wahrscheinlichkeit dafür sinkt aber erheblich. Zugleich steigt die Wahrscheinlichkeit, dass Sie im Falle eines Rechtsstreits nicht nur Recht haben, sondern auch Recht bekommen.

Wie aber führen Sie die Kommunikation mit dem Versicherer am besten? Bis hierher hat das Kapitel hat schon einiges zu dieser Frage vorweggenommen. Der Grundsatz bleibt deshalb auch unverändert. In den allermeisten Fällen werden die Angestellten der Versicherungsgesellschaften bemüht sein, Ihnen zu helfen. Das ist zumindest meine Erfahrung. Hier gelten die normalen Regeln des menschlichen Zusammenlebens. Meist kommt man mit Freundlichkeit am weitesten. Und wenn das einmal nicht der Fall ist, erzeugt es mehr Eindruck, von freundlich zu bestimmt zu wechseln, als wenn man von Anfang an pöbelt. Bleiben Sie also erst einmal freundlich. Bleiben Sie dabei aber auch verbindlich, denn Freundlichkeit ist nicht Freundschaft. Genauso, wie ich Ihnen rate freundlich zu sein, rate ich Ihnen, immer vom Schlimmsten auszugehen. Es ist viel Wahres daran, wenn uns große Konzerne als monolithische Gebilde erscheinen. Die Freundlichkeit des Sachbearbeiters am Telefon sollte Sie nicht in der Sicherheit wiegen, dass nicht irgendwo in diesem Gebilde auch eine Rechtsabteilung sitzt, deren Aufgabe weniger der zuvorkommende Kontakt zur Kundschaft, sondern auch die Abwehr von Forderungen gegen das Unternehmen ist. Seien Sie nett und höflich, damit fahren Sie in 98% der Fälle am besten. Aber handeln Sie, als würden Sie das Schlimmste erwarten, das hilft Ihnen in den übrigen 2%. Diesen Widerspruch gilt es auszuhalten und in die Tat umzusetzen. Die ersten Regeln für das Verhalten gegenüber Versicherungsgesellschaften lauten deshalb:

1. *Bleiben Sie realistisch*
   Sie haben es mit Versicherungsgesellschaften zu tun. Das sind weder wohltätige Vereine noch kriminelle Banden. Sie stehen mit Ihnen in einer Geschäftsbeziehung und eine solche Beziehung animiert beide Seiten, möglichst viele Vorteile für sich aus einem Geschäft zu ziehen. Sich das ins Gedächtnis zu rufen, schützt vor unliebsamen Überraschungen.

2. *Bleiben Sie verbindlich*
   Am Telefon sind viele Dinge schnell gesagt, man merkt sich den Namen des Gesprächspartners nicht und die getroffenen Aussagen können niemals jemandem zugeordnet werden. Wenn möglich, halte ich es für besser, die Kommunikation im Zweifelsfall lieber in Textform zu führen. Archivieren Sie das Geschriebene. Ob analog oder digital ist egal aber so, dass Sie es wiederfinden und es einwandfrei einem Sachverhalt zuordnen können. Wenn sich mündliche Absprachen nicht vermeiden lassen, kann es nützlich sein, das Besprochen zu protokollieren. Idealerweise senden Sie dann das Protokollierte an die Gegenseite des Gesprächs und bitten um Bestätigung.

3. *Bleiben Sie bei dem, was Sie können*
Wenn Sie wissen, was Sie nicht wissen, wissen Sie definitiv mehr als Nichts. Ihnen stehen viele Anlaufstellen offen, die Sie bei schwierigen Fragen unterstützen können. Bevor Sie sich mit juristischem Halbwissen um Kopf und Kragen streiten, holen Sie sich lieber professionelle Unterstützung. Dabei will ich nicht sagen, dass nicht auch Laien ein sicheres und fundiertes Vorgehen erlernen können. Sonst würde ich dieses Buch nicht schreiben. Entscheiden Sie sich aber rechtzeitig, ob Sie viel Zeit für ein intensives Studium des Sachverhaltes aufbringen wollen oder lieber jemanden dafür bezahlen.

Das Einhalten dieser Regeln wird oft anstrengend sein und Ihnen auch unnötig mühsam vorkommen. Denn in der absolut überwiegenden Zahl der Fälle werden Sie umsonst dokumentieren und schriftlich anfordern, da sich die Situation völlig unproblematisch auflösen lässt. In den seltenen Situationen, in denen dem nicht so ist, werden Sie sich aber für Ihre Gründlichkeit belohnt fühlen. Zum Abschluss möchte ich Ihnen nun raten, sich einmal die wichtigsten Versicherungen, die Sie besitzen, zur Hand zu nehmen. Wenn Sie es bis hierher geschafft haben, sollten Sie eine Idee haben, welche das sein könnten. Nehmen Sie sich ein Getränk Ihrer Wahl und sehen Sie sich die Obliegenheiten in Ihren Verträgen an. Vieles werden Sie schnell wieder vergessen, manches nicht ganz verstehen. Sie werden aber in jedem Fall etwas darüber lernen, wie Sie sich verhalten müssen, um von Ihrer Versicherung auch Leistung zu erhalten.

Kapitel 9
Ist die private Haftpflichtversicherung eine Pflichtversicherung?

An anderer Stelle verweise ich immer wieder auf Ihre individuelle Situation aber hier ist die Antwort ganz klar: Es besteht keine Pflicht, eine private Haftpflichtversicherung zu besitzen. Dennoch ist dieser Irrglaube erstaunlich weit verbreitet. Im Gegensatz zu vielen Irrtümern über Versicherungen, würde ich in diesem einen Fall jedoch ausnahmsweise behaupten, dass das vielleicht gar nicht so schlecht ist. Denn die Privathaftpflichtversicherung ist die mit großem Abstand wichtigste Versicherung, zu deren Abschluss sie gerade nicht verpflichtet sind. Die Pflicht in der Haftpflichtversicherung bezieht sich nämlich nicht auf den Zwang, eine solche zu besitzen. Vielmehr ist, wer einem oder einer anderen einen Schaden verursacht, verpflichtet, diesen zu ersetzen; anders gesagt, dafür zu haften. So folgt es insbesondere aus dem § 823 des Bürgerlichen Gesetzbuches. Die Haftung ist es also, die verpflichtend ist. Da diese Haftung teilweise erhebliche Summen ausmachen kann, gibt es eine Versicherung, um Sie im Notfall davor zu bewahren, dass Sie Ihr restliches Leben lang Entschädigungen zu zahlen. Das mag vielleicht im ersten Moment etwas drastisch klingen, denkt man doch bei Schäden in der Haftpflichtversicherung eher an die kleinen Missgeschicke. Eine umgestoßene Kaffeetasse, die den Laptop des besten Freundes beschädigt oder ähnliches.

Zweifelsohne machen solche Fälle eine Vielzahl der bearbeiteten Schäden von Haftpflichtversicherern aus. Nach den Ausführungen der ersten Kapitel dürfte es Sie aber überraschen, wenn ich einer Versicherung, die einen beschädigten Laptop ersetzt, eine solche Bedeutung beimessen würde. Damit hätten Sie auch vollkommen Recht, aber diese Schadensfälle sind es auch nicht, die eine Privathaftpflichtversicherung so wichtig machen. Denn den Zweck, Sie vor einem finanziellen Schaden zu schützen, der Ihr bisheriges Leben unmöglich machen würden,

erfüllt die Privathaftpflichtversicherung vor allem mit Blick auf sogenannte Personenschäden. Das Wort Personenschaden hat einen unan-
genehm rationalisierenden Beigeschmack, schließlich sprechen wir hier
darüber, dass Menschen teilweise schwer und dauerhaftverletzt werden. Das ändert jedoch nichts daran, dass man dieses Risiko absichern
sollte. Es spielt nämlich im Grundsatz keine Rolle, ob es sich dabei um
ein Versehen gehandelt hat. Der § 823 BGB sagt ausdrücklich, dass Leben, Körper, Gesundheit, Freiheit und Eigentum „vorsätzlich oder fahr-
lässig" beschädigt werden. Auch ohne das Verletzen von anderer Menschen Gesundheit sind Schadensersatzansprüche in Höhe von mehreren hunderttausend oder gar Millionen Euro denkbar. Sei es durch einen aus Unachtsamkeit verursachten Brand im Mietshaus, die Beschädigung eines Kunstwerks im Museum oder vieles mehr. Hoffentlich
werden Sie von diesen Fällen niemals betroffen sein und Ihre Privathaftpflichtversicherung nur benutzen, um beschädigte Elektrogeräte
von Freunden zu erstatten. Sorgen Sie trotzdem dafür, dass Ihre Versicherung auch die wirklich bedrohlichen Fälle abdeckt und dafür eine
Summe von nicht unter 10.000.000 €, besser 20.000.000 €, versichert.

Im Gegensatz zur privaten Haftpflichtversicherung gibt es jedoch Haftpflichtversicherungen, die tatsächlich Pflichtversicherungen sind. Die
bekannteste davon ist sicher die KFZ-Haftpflichtversicherung. Wieso
aber ist die eine freiwillig und die andere verpflichtend? Was hat es mit
dieser vermeintlich inkonsequenten Gesetzgebung auf sich? Wie so oft
ist dieser Widerspruch letztlich gar keiner, wenn man genau hinsieht.
Der oben zitierte § 823 BGB spiegelt eine den meisten Menschen intuitiv logische Auffassung wider, indem er, stark vereinfacht gesagt, nur
festlegt: Wer schuld daran ist, dass etwas beschädigt wird, ob gewollt
oder aus Versehen, der muss es ersetzen. Man nennt die Schadenersatz-
pflicht aus dieser Feststellung deshalb Verschuldenshaftung. Daneben
gibt es aber auch noch die sogenannte Gefährdungshaftung. Die

Überlegung hierzu ist im Grunde nicht weniger intuitiv, sie lautet: Wer eine Gefahr schafft, ist für Schäden verantwortlich, die durch diese Gefahr entstehen. Das gilt auch dann, wenn die Handlung selbst nicht verboten ist. Zu abstrakt? Nun gehören Autos und andere Kraftfahrzeuge zum Alltag der meisten Menschen in Deutschland. Das ändert aber nichts daran, dass von teilweise mehreren Tonnen schweren, beweglichen Maschinen in der Regel mehr Gefahr ausgeht als von einem 80kg schweren Menschen. Im Wortlaut des Gesetzes heißt das im Straßenverkehrsgesetz, genauer in § 7 Abs. 1 StVG:

„Wird bei dem Betrieb eines Kraftfahrzeugs oder eines Anhängers, der dazu bestimmt ist, von einem Kraftfahrzeug mitgeführt zu werden, ein Mensch getötet, der Körper oder die Gesundheit eines Menschen verletzt oder eine Sache beschädigt, so ist der Halter verpflichtet, dem Verletzten den daraus entstehenden Schaden zu ersetzen."

Nirgendwo ist die Rede davon, dass widerrechtlich, unerlaubt, schuldhaft oder in ähnlicher Weise gehandelt werden muss. Es liegt also Gefährdungshaftung vor. Wichtig ist auch: Es haftet der Halter. Das muss nicht zwingend die Person sein, die das Auto benutzt hat. Diese Regelung soll unter anderem sicherstellen, dass die geschädigte Person einen konkret ermittelbaren Kontakt hat, gegen den sie ihre Schadensersatzansprüche geltend machen kann. Der Fahrer lässt sich womöglich nicht sofort ermitteln, der Halter mithilfe des Kennzeichens schon deutlich leichter. Unter Umständen treten dann im Verhältnis Halter*in und Fahrer*in noch gewisse Ausgleichspflichten auf, sogenannte Regressansprüche. Das zu vertiefen, würde hier allerdings zu weit führen. Trotz der möglichen Risiken ist es so, dass Autos auch eine Vielzahl von Vorteilen bieten, genauso wie zum Beispiel der Betrieb von Kraftwerken oder Eisenbahnen. Durch die Erklärung zur Pflichtversicherung werden deshalb einige entscheidende Ziele erreicht.

Zum Ersten können gefährliche, aber für die Gesellschaft sinnvolle Dinge genutzt werden, ohne dass ihre Gefahren zu Lasten der Allgemeinheit geht. Denn diese erhält im Schadensfall garantiert eine Entschädigung. Zudem sind die Halter*innen der gefährlichen, aber sinnvollen Dinge vor Entschädigungsforderungen geschützt, die sie in ihrer finanziellen Existenz gefährden würden, da die Versicherung dafür entsteht. Zu guter Letzt sorgen verpflichtende Versicherungen naturgemäß dafür, dass eine breite Schicht an Beitragszahlenden vorhanden ist. Das trägt dazu bei, dass die Beiträge auch für eine ebenso breite Schicht erschwinglich bleiben. Untere anderem aus diesem Grund wird auch immer wieder diskutiert, die Wohngebäudeversicherung zur Pflichtversicherung zu erklären. In einigen Bundesländern war sie das in der Vergangenheit schon und ist es im europäischen Ausland teilweise auch heute noch.

Darüber hinaus ist die Erlaubnis, einen bestimmten Beruf ausüben zu dürfen, häufig mit dem Bestehen einer Berufshaftpflichtversicherung verbunden. Das gilt zum Beispiel für Ärzt*innen, Architekt*innen, aber auch für viele Berufe in der Finanz- und Versicherungsbranche. Für alle anderen Berufe, zumindest die, die selbstständig ausgeübt werden, gilt das gleiche wie für die Privathaftpflichtversicherung. Es ist nicht gesetzlich vorgeschrieben, aber nehmen sie den Namen ruhig als Aufforderung. Sie sollten besser eine haben.

Kapitel 10

Was ist der Unterschied zwischen Rentenversicherungen und Lebensversicherungen?

Ich habe bereits in früheren Kapiteln besprochen, dass auch Risiko-Lebensversicherungen oder Berufsunfähigkeitsversicherungen zu den Versicherungen des Bereichs Leben gezählt werden. Ich habe aber auch darüber gesprochen, wieso ich diese Einteilung für wenig hilfreich halte. Denn die Risiko-Lebensversicherung ist eine Risikoversicherung, die leistet, wenn sich das letale Risiko verwirklicht und Sie versterben. Im Alltag verwenden die meisten Menschen den Begriff der Lebensversicherung enger und meinen damit eine Versicherung, mit der Geld angespart wird. Eine solche Lebensversicherung dagegen leistet in dem deutlich angenehmeren Fall, dass Sie ein bestimmtes Lebensalter erreichen. Entgegen der verbreiteten Logik in der Versicherungsbranche vertrete ich hier den Standpunkt, dass es absurd wäre, dabei von einem Risiko zu sprechen. In diesem Kapitel verwende auch ich wieder die engere Definition von Lebensversicherung, also den Vertrag, mit dem man sparen möchte. Da es jedoch neben sprachlichen Mehrdeutigkeiten auch in vielen Verträgen praktische Verwebungen zwischen diesen Versicherungsarten gibt, möchte ich ihnen ein ganzes Kapitel widmen. Wir haben es dabei mit zwei grundverschiedenen Absicherungsbedarfen zu tun. Bei der Risiko-Lebensversicherung ist es die Hinterbliebenenvorsorge, bei der Lebensversicherung die Altersvorsorge. Während die Funktionsweise der Risiko-Lebensversicherung leicht verständlich ist, sieht es bei der Lebensversicherung schon komplizierter aus.

Beginnen wir mit der klassischen Lebensversicherung. Sie zahlen einen vereinbarten Beitrag ein. Das kann einmalig geschehen, in der Regel aber monatlich. Durch einen festgelegten Zinssatz ergibt sich nach Abzug der Kosten eine garantierte Summe, die auch bereits bei Antragsstellung genannt und Ihnen zu einem vereinbarten Datum ausbezahlt wird. Durch Überschüsse, die jedoch nicht garantiert sind, kann sich die Auszahlungssumme erhöhen. Aufgrund der niedrigeren Zinsen ist diese Form der Versicherung aktuell ein Auslaufmodell. Nicht zuletzt durch diese Entwicklung kamen verstärkt fondsgebundene Lebensversicherung auf. Ihr eingezahltes Kapital wird also in Wertpapiere und teilweise weitere Finanzinstrumente investiert. Da deren Wertentwicklung nicht vorhergesagt werden kann, ist das Ablaufergebnis jedoch nicht garantiert, sondern entspricht dem Wert der Fondsanlage zum vereinbarten Datum. Das klingt erstmal schrecklich spekulativ, muss es aber bei einer vernünftigen Auswahl der Geldanlage gar nicht sein. Auch möglich sind sogenannte Hybrid-Produkte. Diese bestehen aus einem garantierten Teil und einer Fondsanlage. Der Auszahlungsbetrag setzt sich dann aus diesen beiden Anlageformen zusammen.

Egal wie Ihr Geld innerhalb der Versicherung angelegt wird, die ursprüngliche Form der Lebensversicherung sieht vor, dass Sie den Wert der Versicherung einmalig ausbezahlt bekommen, sofern Sie ein bestimmtes Alter erleben. Solche Verträge werden Sie aber heute kaum noch finden. Denn die Lebensversicherung ist mittlerweile in vielen Fällen mit der Versicherungsart der Rentenversicherung verschmolzen. Eine Rentenversicherung, ob mit garantiertem Ergebnis oder einer Fondsanlage, verspricht in ihrer ursprünglichen Form keine einmalige Auszahlung zu einem bestimmten Datum, sondern eine lebenslange Rente, die ab einem bestimmten Datum laufend ausbezahlt wird. Mittlerweile begegnen diese Verträge einem meist in einer Kombination. Sie haben also die Wahl, ob Sie das Kapital zu einem bestimmten Datum einmalig bekommen, oder ab diesem Datum eine lebenslange Rente erhalten möchten. Ausgenommen hiervon sind explizit die staatlich geförderten Produkte Riester-Rente und Rürup-/Basis-Rente. Hier will der Gesetzgeber die Vorsorge für eine lebenslange Rente fördern und schränkt daher die Möglichkeit zur einmaligen Auszahlung des Kapitals stark ein. Bei Verträgen mit Garantieverzinsung wird eine garantierte

Rente einer garantierten Einmal-Summe gegenübergestellt, bei der fondsgebunden der zukünftige Wert der Anlage oder eine Rente, die sich aus dieser errechnet. Bei der kombinierten Version mit Garantie und Fondsanlage lautet die Auskunft in den Versicherungsunterlagen dann zum Beispiel:

‚Zum 1.1.2054 zahlen wir eine monatliche Rente von voraussichtlich XXX €, mindestens aber YYY €. Sie können sich auch für eine einmalige Auszahlung entscheiden, dann erhalten Sie voraussichtlich XX.XXX €, mindestens aber YY.YYY €.‘

Diese sehr knappe Zusammenfassung kann Ihnen vielleicht einmal als Orientierung dienen. Es ist jedenfalls nicht nötig, dass Sie jeden Begriff der ersten Seiten dieses Kapitels sofort abgespeichert haben. Ich möchte nämlich an dieser Stelle nicht vertieft darauf eingehen, ob für Sie nun eine Versicherung mit einmaliger Kapitalauszahlung besser wäre oder eine mit lebenslanger Rente oder eine fondsgebundene besser als eine klassisch verzinste. Das ist eine sehr individuelle Frage und einer dieser Momente, in denen ich Ihnen zu einer persönlichen Beratung rate. Mir ist es nur wichtig, dass Sie diese Bezeichnungen einmal gehört haben, bevor wir uns dem Weiteren widmen.

Hier kommt nämlich wieder die Risiko-Lebensversicherung ins Spiel, nämlich in Form der sogenannten Todesfall-Leistung. Egal ob Renten- oder Lebensversicherung oder beides in einem, Voraussetzung für die originäre Leistung der Versicherung ist, dass Sie zum Ende des Vertrages noch leben. Was ist aber, wenn Sie vor Beginn der Auszahlung sterben? Viele Leute finden die Vorstellung vorsichtig gesagt unerfreulich, unter Umständen über viele Jahre große Summen an einen Versicherer zu zahlen, in dem Wissen, dass im Falle ihres Todes das Geld einfach beim Versicherer verbleibt und nicht etwa an die Erben ausbezahlt wird. Die Lösung: Im Falle Ihres Todes wird Leistung ausbezahlt. Das klingt erst einmal logisch, ist jedoch der Anfang davon, zwei völlig unterschiedliche Zwecke miteinander zu verbinden. Gerade wollten Sie sich noch versichern, um Ihren Ruhestand ohne finanzielle Sorgen verbringen zu können. Schon versichern Sie auch Ihre Hinterbliebenen für den Fall Ihres eigenen Ablebens. Wichtig zu unterscheiden ist dabei, ob es sich um eine Auszahlung des vorhanden Vertragsvermögens handelt, oder aber, ob eine explizite Summe für den Todesfall versprochen wird, und zwar unabhängig davon, wie viel im Vertrag angespart wurde. Lassen Sie mich das an einem frei erfundenen Beispiel aufzeigen. Wir betrachten zwei fiktive Versionen von Lebensversicherungen. In beiden Versionen wird ein monatlicher Beitrag von 100 € geleistet. In 35 Jahren stehen Ihnen laut Versicherungsschein 45.000 € zu, dieser Beitrag kann sich durch Überschüsse noch erhöhen. Die Leistung bei einem Tod innerhalb dieser 35 Jahre ist aber unterschiedlich geregelt und könnte jeweils folgendermaßen lauten:

Version 1
Verstirbt die Versicherte Person innerhalb der Phase der Beitragszahlung, wird das zu diesem Zeitpunkt vorhandene Vertragsguthaben an die für diesen Fall im Versicherungsschein benannte Person ausbezahlt.

Version 2
Verstirbt die Versicherte Person innerhalb der Phase der Beitragszahlung, werden 50.000 € an die für diesen Fall im Versicherungsschein benannte Person ausbezahlt.

Bei Version 2 haben wir es im Grunde mit einer Kopplung zweier Produktsparten zu tun. Die Risiko-Lebensversicherung und die Lebensversicherung zum Ansparen sind eben nur in einen Vertrag gepackt worden. Die höhere Todesfall-Leistung, die auf den ersten Blick wie ein Bonus wirken kann, gibt es natürlich nicht umsonst. Wir hatten das bereits in vorherigen Kapiteln besprochen. Ein Teil Ihres Beitrags wird nun nicht mehr verwendet, um angelegt und vermehrt zu werden. Stattdessen fließt er in die Risikoabsicherung. Denken Sie wieder an die Privathaftpflichtversicherung. Wenn kein Versicherungsfall eintritt, ist das Geld am Ende des Jahres einfach weg. Es handelt sich um einen Beitrag, um ein Risiko abzusichern. Gleichzeitig reicht so eine Absicherung für den Todesfall, wie sie in Lebensversicherungen zu finden ist, selten aus, um eine vernünftige Hinterbliebenenvorsorge darzustellen. Eigenständige Risiko-Lebensversicherungen bewegen sich nur sehr selten in solch niedrigen Bereichen wie die Todesfallsummen in Lebensversicherungen zum Kapitalaufbau. Die Menschen, die keine Hinterbliebenen zu versorgen haben, aber durch dieses Konstrukt einen geringeren realen Betrag in ihre Altersvorsorge investieren, sind zahlreich. Als kleinen Warnhinweis möchte ich hier jedoch einschieben, dass solche alten Verträge aufgrund guter Verzinsung und steuerlicher Besserstellung nach heutigen Maßstäben gute Anlagen sein können und nicht vorschnell gekündigt werden sollten.

Version 1 dagegen hat ein klares Argument für sich. Wenn Sie jahrelang ein Haus abbezahlen und versterben, so können Sie dieses Haus vererben. Legen Sie Ihr Geld in Sparverträgen oder Investmentfonds an, so ist das Ihr Eigentum und fließt auch in Ihre Erbmasse. Dass das Vermögen, welches Sie in einem Versicherungsmantel ansparen, bei einem vorzeitigen Tod nicht einfach so verpuffen sollte, ist naheliegend. Das etwas naheliegend ist, muss aber nicht immer bedeuten, dass es auch in jedem Fall das richtige ist. Wenn es keine Hinterbliebenen gibt oder Sie sich um deren finanzielle Versorgung keine Gedanken machen müssen, kann Ihnen der Verzicht auf diese Todesfallleistung eine etwas höhere Rente ermöglichen. Der Nachteil gegenüber Version 2 ist lediglich, dass Sie bei einer sehr kurzen Laufzeit des Vertrages nur eine kleine Todesfallsumme angespart haben. Da Sie Ihre Risikovorsorge aber sowieso von Ihrem Vermögensaufbau trennen sollten, ist das in diesem Fall verschmerzbar.

Oft ist die Verbesserung in der Rentenhöhe aber überschaubar und bewegt sich bei wenigen Euro im Monat, wenn Sie komplett auf eine Todesfallleistung verzichten. Hier sollten Sie auf jeden Fall vor dem Abschluss verschiedene Angebote vergleichen. Lassen Sie sich von Vermittler*innen oder Berater*innen Tarife verschiedener Versicherer im Vergleich zeigen. Lassen Sie sich aber auch von ein und demselben Tarif verschiedene Gestaltungen zeigen. Zum Beispiel einmal mit Todesfallleistung, einmal ohne. Nur so können Sie ernsthaft beurteilen, was Sie eine zusätzliche Leistung tatsächlich kostet.

Lassen Sie uns also einmal zusammenfassen. Reine Lebensversicherungen gibt es kaum noch, reine Rentenversicherung sind auch sehr selten. In den meisten Fällen werden Ihnen Verträge begegnen, die beides sind. Verbinden Sie diese Geldanlage mit einer fixen Todesfallsumme, kostet Sie das bei ansonsten gleichen Bedingungen Rendite. Bisher haben wir immer davon gesprochen, dass Sie eine Absicherung für den Fall einschließen können, dass Sie in der Beitragszahlungsphase, auch Ansparphase genannt, versterben. Eine Todesfallleistung kann aber auch eingeschlossen werden für den Fall, dass Sie in der Phase des Rentenbezugs sterben, also in der Zeit, in der Ihnen bereits die Rente ausgezahlt wird. Verbreitet sind die Auszahlung des Restkapitals oder eine Rentengarantiezeit. Bei der Auszahlung des Restkapitals wird betrachtet, wieviel des bis zum Rentenbeginn angesparten Kapitals bereits in Rentenleistungen ausgezahlt wurde. Den Rest erhalten Ihre Nachkommen als Einmalzahlung. Die Rentengarantiezeit tut genau das, was ihr Name behauptet. Sie garantiert, dass die Rente definitiv für eine bestimmte Zeit gezahlt wird. Ganz wichtig ist folgender Punkt, der immer wieder für Verwirrung sorgt: Für Sie selbst wird die Rente lebenslang ausgezahlt, auch wenn gar keine oder nur eine sehr kurze

Rentengarantiezeit im Vertrag steht. Die Rentengarantiezeit kommt nur dann ins Spiel, wenn Sie selbst kurz nach Rentenbeginn versterben. Ein Beispiel sollte das schnell deutlicher machen. Nehmen wir an, Ihr Rentenbeginn ist mit 67 Jahren. Ihre Rentengarantiezeit ist auf 15 Jahre festgelegt. Sterben Sie nun mit 68, so wurde nur ein Jahr lang die Rente bezahlt. Garantiert wurden Ihnen aber 15 Jahre. Die von Ihnen begünstigte Person, häufig ist das der Lebensgefährte oder die Kinder, erhält also noch 14 weitere Jahre eine Rentenzahlung. Dann erlischt das Vertragsverhältnis.

Wirklich entscheidend ist diese Rentengarantiezeit wohl selten. Wenn Sie alleinstehend sind, benötigen Sie sowieso keine Hinterbliebenenversorgung. Sind Sie verheiratet ohne Kinder, dann hat Ihr Partner oder Ihre Partnerin hoffentlich eine eigene Vorsorge für das Leben im Alter und selbst wenn nicht, rate ich eher zu einer Absicherung, die nicht zeitlich begrenzt ist. Was ist denn, wenn ihr Partner mit der Auszahlung durch Ihre Rentengarantiezeit das Alter plant, aber länger lebt als die Rente gezahlt wird? Und selbst wenn Sie Kinder haben, so sind diese, wenn Sie mit 68 versterben, in den allermeisten Fällen doch in der Lage, sich selbst zu finanzieren und nicht auf Ihre Altersrente angewiesen. Natürlich ist es nichts Schlechtes, wenn Ehepartner*innen oder Kinder noch besser abgesichert sind, keine Frage. Mir geht es nur darum, dass Sie den für sich günstigsten Weg finden. Das kann beispielsweise die eigene Altersvorsorge für Partner*innen sein, die mehr Unabhängigkeit mit mehr Sicherheit verbinden kann. Die Ausbildung der Kinder wird womöglich besser durch eine reine Risiko-Lebensversicherung gewährleistet. Wenn Sie nach einer gründlichen Auseinandersetzung zu dem Ergebnis kommen, dass es in Ihnen am liebsten ist, alles in einem Vertrag zu vereinen und dafür auf eine höhere Rente zu verzichten, dann kann auch das für Sie die richtige Entscheidung sein. Sie ahnen, was jetzt kommt: Solange Sie die Entscheidung nach reiflicher Abwägung getroffen haben und nicht, weil Sie die Alternativen nicht kannten. Bei all dem hat die Rentengarantiezeit nämlich einen bedeutenden Vorteil: Sie kostet fast nichts. Der Versicherer kalkuliert sowieso damit, Ihnen über Jahre hinweg eine Rente zahlen zu müssen. Das garantiert zu bekommen, kostet Sie meist nur wenige Euro Rente im Monat. Aus diesem Grund wählen auch viele die Option der Rentengarantiezeit. Viele sind bereit, diese Kosten zu tragen, um zu wissen, dass ihr Geld bei einem frühen Tod nicht einfach an den Versicherer fällt. Dieser Gedankengang ist nur zu verständlich. Dennoch kennen Sie jetzt vielleicht etwas besser die Hintergründe und können in Ihrer individuellen Situation entscheiden, ob Sie diese Garantie einkaufen wollen oder nicht. Auch hier gilt: Vergleichen Sie. Erst wenn Sie schwarz auf weiß sehen, wie viel monatliche Rente Sie der Einschluss einer Rentengarantiezeit kostet, können Sie eine informierte Entscheidung treffen.

Bleibt die große Frage: Sollte man eine Lebensversicherung oder Rentenversicherung haben? Das Konzept der Versicherung zum Sparen scheitert schon an einer überzeugenden Beschreibung des Risikos. Besonders prägnant ist das, wenn man sich ansieht, welche Ereignisse zum Abschluss von Versicherungssparverträgen genutzt wurden und werden. Es gibt zum Beispiel Ausbildungsversicherungen, bei denen das vermeintliche Risiko versichert wird, dass ein Kind einmal eine Ausbildung beginnt und währenddessen Geld braucht. Überzeugt Sie diese Definition von Risiko? Auf das fragwürdige Risiko des Älterwerdens kamen wir auch schon mehrfach zu sprechen. Einen wahren Kern hat der Gedanke des Risikos der Langlebigkeit natürlich schon. Eine Rentenversicherung zahlt planmäßig eine lebenslange Rente. Die Aussicht, im Alter jeden Monat eine fixe Summe auf das Konto überwiesen zu bekommen, kann eine sehr beruhigende Perspektive sein, für die einige durchaus bereit sind, auf Rendite zu verzichten. Je nach Anlageverhalten, Lebensstil und Persönlichkeit kann das eine Rentenversicherung für Sie attraktiv machen. Fragen Sie sich aber, wie viel Prozent des Einkommens im Alter aus lebenslang laufenden Zahlungen aus

Versicherungen erfolgen soll. Möchten Sie, dass Sie jeden Monat und jedes Jahr exakt vorhersehen können, was Ihnen überwiesen wird? Oder reicht es Ihnen auch, wenn nur die Hälfte der künftigen Alterseinkünfte garantiert ist und der Rest etwas schwankt, aber dafür die Chance bietet höher auszufallen?

Hierfür können neben Ihrer ganz eigenen Lebenseinstellung verschiedene Faktoren entscheidend sein, die Ihre Einnahmen und Ausgaben im Rentenalter beeinflussen. Zahlen Sie Miete oder leben Sie im Eigentum? Haben Sie Einkünfte aus Immobilien oder Kapital, zum Beispiel durch ein Depot mit Wertpapieren? Allem voran aber: Wie sieht es mit bereits bestehenden Anwartschaften auf Rentenzahlungen aus? Die meisten Menschen in Deutschland haben eine Rentenversicherung, ob sie das wollen oder nicht, nämlich die gesetzliche Rentenversicherung. Häufig kommt noch eine betriebliche Altersvorsorge hinzu, manchmal zudem ein Versorgungswerk für bestimmte Berufe. Wenn Ihnen diese Garantien ausreichen, ist es fraglich, ob eine weitere Rentenversicherung die beste Form der privaten Altersvorsorge für Sie ist. Ein weiterer Grund, wieso private Versicherungen zur Geldanlage erst einmal suspekt erscheinen können, ist das fehlende Versicherungsprinzip. Versicherungen zum Kapitalaufbau können Überschüsse enthalten. Diese Überschüsse sind der einzige nennenswerte Bestandteil Ihres Vertrages, bei dem es eine Rolle spielt, dass Sie bei Ihrer Geldanlage Teil einer Versichertengemeinschaft sind. Denn diese Überschüsse ergeben sich nicht nur aus Ihrem eigenen Vertrag. Ansonsten besteht ihr Vertragskapital aus Ihren Beiträgen und der Rendite auf Ihre Beiträge, natürlich abzüglich der Kosten. Ein ,Verteilen auf viele Schultern' findet nicht in der Form wie bei Risikoabsicherungen statt. Was will ich Ihnen damit sagen? Auch das zeigt meines Erachtens, dass wir uns mit einer Versicherung, die dem Aufbau von Kapital dient, nicht wirklich auf dem klassischen Terrain von Versicherungen befinden.

Kein wirkliches Risiko, kein echtes Versicherungsprinzip. Kapitalaufbau scheint nicht der originäre Job von Versicherungen zu sein. Wieso ist es dennoch lange Zeit so beliebt gewesen auf diese Art fürs Alter vorzusorgen? Offen gesagt: Es ist doch vollkommen egal, ob etwas jemandes originärer Job ist, solange er den Job gut macht.

In Zeiten, in denen es hohe Verzinsungen auf Renten- und Lebensversicherungen gab, war in diesen Verträgen einerseits das Sicherheitsbedürfnis befriedigt, andererseits die Rendite ansehnlich. Oder sagen wir, es war ein ausgewogeneres Verhältnis als heute. Denn die romantisierenden Geschichten von den traumhaften Renditen, die es mal auf Lebensversicherungen gab, sind viel zu oft verfälscht, weil sie nicht um die Inflation und die teilweise höheren Kosten bereinigt werden. Entscheidend ist aber: Zum Beispiel verglichen mit einer freien Kapitalanlage in weltweite Aktien-ETFs hat eine versicherungsförmige Lösung bei ansonsten gleichen Bedingungen regelmäßig keine Chance, wenn man ausschließlich das gebildete Kapital nach mehreren Jahrzehnten betrachtet. Wenn Sie so wollen, ist die Differenz

Kapital Ihrer ETF-Anlage *abzüglich* Kapital Ihrer Versicherung

der Preis, den Sie für die Absicherung des Langlebigkeitsrisikos, also für die lebenslange Rentenzahlung zahlen. Hinzukommt, dass Sie mit einem freien Kapitalaufbau über Sparpläne sehr viel flexibler sind. Sie können die Zahlung jeder Zeit aussetzen, erhöhen oder reduzieren. Bei Bedarf können Sie auch Anteile verkaufen und Kapital liquidieren. Das können Sie natürlich nur vorbehaltlich von Kursschwankungen, die nicht zu unterschätzen sind. Für kleinere unerwartete Ausgaben sollten Sie deshalb sowieso eine flexible Rücklage auf einem Tagesgeldkonto bereithalten. Bei all dem werden zwar auch Versicherer langsam flexibler, aber leider nur sehr langsam.

Ein erheblicher Vorteil von freiem Kapital ist, dass man es leichter in Rente umwandeln kann als umgekehrt. So ist es denkbar Kapital kostengünstig und renditeträchtig anzulegen oder zu bilden, um es zu Rentenbeginn einmalig in eine Rentenversicherung zu investieren, die dann lebenslang auszahlt. Dieser Punkt ist womöglich etwas erklärungsbedürftig. Vielen Menschen ist die Möglichkeit nicht bekannt, eine Rentenversicherung gegen Einmalbeitrag abzuschließen. Man spart also nicht über viele Jahre mit regelmäßigen Beiträgen in einem Versicherungsvertrag, sondern geht mit einer größeren Summe Geld zu einem Versicherungsunternehmen und lässt es in eine lebenslange Rente umwandeln, die ab sofort oder in kurzer Zeit beginnt. Dieses Geld kann aus einem Immobilienverkauf oder Erbe stammen. Es kann aber auch einfach auf anderem Wege angespart werden. Dem liegt folgende Überlegung zugrunde.

Es ist kein Geheimnis, dass Versicherungslösungen in der Regel eine recht hohe Kostenquote enthalten. Die ist häufig umso größer, je niedriger die monatlichen Beiträge sind. Das macht es für viele Menschen unattraktiv, in jungen Jahren in eine Rentenversicherung einzuzahlen, wenn die Beiträge noch nicht so üppig sein können. Es kann sich also unter Umständen anbieten, das Geld mit niedrigeren Kosten etwa in einem Wertpapiersparplan anzulegen. Nun soll es aber Menschen geben, die im letzten Viertel ihres Lebens ein höheres Sicherheitsbedürfnis verspüren als in den ersten drei. Wer nun über Jahrzehnte ein kleines Vermögen über seine Sparpläne angespart hat und im höheren Alter eher die Sicherheit einer lebenslangen Rentenversicherung schätzt, für den kann die Rentenversicherung gegen Einmalzahlung eine Option sein. Jedoch könnten beispielsweise steuerliche Überlegungen diese Idee unattraktiv machen, es handelt sich hier also um kein Allheilmittel. Zudem weiß niemand, wie in Jahrzehnten die Konditionen in Rentenversicherungen sein werden. Andererseits auch nicht, was es für andere Vorsorgeformen gibt, die bisher (zumindest in Deutschland) noch gar nicht verfügbar sind. In jedem Fall bleibt Ihnen jedoch eine hohe Flexibilität erhalten. Sie können das Kapital auch über einen Entnahmeplan zum Lebensunterhalt nutzen, oder Kursgewinne, Zinsen und Dividenden abschöpfen. Sie können unter Umständen die Finanzierung einer Immobilie vorzeitig abschließen, die Sie im Alter selbst nutzen möchten. Womöglich ist es in Ihrem Fall sogar sinnvoll das angesparte Kapital im höheren Alter freiwillig in die gesetzliche Rentenversicherung einzuzahlen. Sollten Sie mit dem letztgenannten sympathisieren, könnte eine Beratung bei Rentenberater*innen hilfreich sein. Das sind Honorarberater*innen zum Sozialrecht, die sich neben anderem hervorragend mit Gestaltungsmöglichkeiten in der gesetzlichen Rentenversicherung auskennen. Die Interseitseite des Bundesverbandes der Rentenberater*innen, auf der Sie weitere Informationen zu diesem wenig bekannten Berufsstand finden können, lautet schlicht <u>rentenberater.de</u>.

Es gibt dagegen nach wie vor Fälle, in denen eine versicherungsförmige Lösung zur privaten Altersvorsorge auch Sinn ergeben kann. Denn die Argumente gegen eine Versicherung zum Kapitalaufbau sind meiner Meinung nach in vielen Fällen stark, aber nicht zwingend. So kann die Besteuerung in der Auszahlungsphase von Rentenversicherungen gegenüber Wertpapierdepots günstiger sein. Dieses Argument würde ich allerdings aus einem bereits angesprochenen Punkt nicht überbewerten. Die steuerliche Situation im Rentenalter ist besonders in jungen Jahren faktisch nicht vorhersagbar. Weder Ihre Einkommenssituation noch die geltenden Steuergesetze können Sie über 30 oder 40 Jahre verlässlich vorhersagen.

Ganz besonders die persönliche Komponente spielt jedoch eine herausragende Rolle bei der Frage, ob eine Rentenversicherung doch passend für Sie ist. Wenn Sie sich mit dem Model der lebenslangen Rentenzahlung für einen möglichst hohen Teil Ihres Alterseinkommens am wohlsten fühlen, dann ist das Ihr Weg und dann sollten Sie ihn gehen. Keine Renditekennzahl ist es wert, dass Sie jahrelang ein schlechtes Gefühl haben. Wer nicht mit seiner Geldanlage zufrieden ist, macht zudem häufig übereilte Anlagefehler und dann war es das auch mit der besseren Rendite. Auch für Selbstständige, die keine oder kaum Anwartschaften in der gesetzlichen Rentenversicherung haben, kann eine private Rentenversicherung sinnvoll sein. Einen gewissen Teil des Alterseinkommens planbar jeden Monat zu bekommen, halte ich persönlich nicht für unsinnig. Wie groß dieser Anteil ist, liegt dann ganz bei Ihnen.

Kapitel 11
Die Schwierigkeiten bei ethischen Versicherungen und Geldanlagen

Vielen Menschen ist es ein Anliegen, mit ihrem Lebensstil einen Beitrag zu einer besseren Welt zu leisten. Da liegt es nur nahe, diesen Ansatz auch auf die privaten Finanzen und damit vor allem Versicherungen und Geldanlagen zu übertragen. Diese haben mit der Verwaltung von Millionen und Milliarden von Kund*innengeldern einen ganz erheblichen Einfluss darauf, wie die Wirtschaft und damit die Welt, in der wir leben, organisiert ist. Es gibt Versicherungsgesellschaften, die von sich behaupten, nachhaltig zu sein. Fonds können Sie etwa danach auswählen, ob sie ESG- oder SRI-Kriterien genügen sollen. Dabei steht ESG für environment, social, governance (etwa: Umwelt, Soziales, Unternehmensführung) und SRI für socially responsible investment (etwa: sozial verantwortungsvolle Investition). Das Problem daran ist: Das kann Alles und Nichts bedeuten. Manche solcher Finanzprodukte lassen von einem Teil der eingezahlten Beiträge Bäume pflanzen. Bei anderen können Sie direkt in Windparks und Wasserkraftwerke investieren. Viele weitere schließen es aus, Wertpapiere bestimmter Branchen oder Unternehmen zu kaufen. Es scheint manchmal, als ließe sich die beste aller Welten ganz leicht erreichen, indem Sie nur die richtigen Finanzprodukte kaufen. Wie Sie vielleicht schon erahnen können, habe ich daran gewisse Zweifel.

Ohne hier einen kulturphilosophischen Exkurs einfügen zu wollen, ist es für die Problematik der ethischen Versicherungen und Geldanlagen wichtig, den Begriff der Ethik ein wenig zu beleuchten. Um es kurz zu halten, könnte man Ethik als das Bewusstsein zum richtigen Handeln bezeichnen. Womit wir schon mitten im Problem stehen. Was ist das richtige Handeln? Das ist eine sehr individuelle Entscheidung. Auch dann, wenn diese Entscheidung natürlich immer auf einen überindividuellen Raum Bezug nimmt. Sie wollen vielleicht die Natur schützen, weil Sie sie für andere erhalten wollen, womöglich Ihre Kinder. Man ist gegen Kinderarbeit, weil man findet, dass kein Mensch so leben sollte. All das weist über individuelle Probleme hinaus. Genau hier liegt das Grundproblem mit der Ethik. Sie legen für sich selbst etwas fest. Das ist höchst subjektiv. Was Sie jedoch festlegen, soll das Richtige sein. Das ist eine höchst objektive Kategorie. Diese zwei Ebenen zu vereinen, subjektives Denken und Handeln auf der einen Seite und die Vorstellung von einem objektiven Zielzustand auf der anderen, ist schon für einen Menschen allein schwierig. Nun stellen Sie sich bitte einmal vor, Sie arbeiten für eine Versicherung und verwalten Gelder von zehntausenden Menschen. Wie gut, glauben Sie, gelingt es Ihnen, die Vorstellungen vom richtigen Handeln all dieser Menschen gleichwertig in Ihren Anlageentscheidungen zu berücksichtigen?

Es gibt Finanzprodukte, die erklären sich deshalb für ethisch korrekt, weil Sie auf Investments in Tabak, Alkohol, Pornographie und Glücksspiel verzichten. Sind diese Industriezweige per se unethisch? Manche werden bei den letzten beiden vielleicht zustimmen, bei den ersten beiden dagegen die wenigsten. Das gilt jedoch wiederum vor allem für den westlichen Kulturraum. Auch vermeintlich eindeutigere Problembereiche sind nur auf den ersten Blick völlig klar. Verbleiben wir bei den oben genannten Beispielen Kinderarbeit und Naturschutz. Für wen gilt das Verbot von Kinderarbeit? Natürlich für das Unternehmen, in das womöglich investiert wird. Was ist mit Tochter-Unternehmen? Diese definitiv auch noch. Kommen wir zu Sub-Unternehmen, also externe Firmen, die für bestimmte Tätigkeiten beauftragt werden. Das ließe sich womöglich auch noch ausschließen. Wirklich konsequent wäre es dann aber nur, wenn das Unternehmen auch nur mit solchen anderen Unternehmen Verträge schließt und Handel treibt und nur Produkte von solchen Unternehmen kauft, die auch alle dieses Reglement einhalten. Das allerdings ist in einer globalisierten Welt fast unmöglich. Selbst dort, wo es möglich sein sollte, führt die Flut an notwendigen Informationen zu einer großen Intransparenz für die Kaufinteressent*innen, die ja auch zu Recht erwarten, die Einhaltung überprüfen zu können.

Ähnliches gilt für den Naturschutz. Wie misst man Naturschutz? Reicht es für ein ökologisches Investment aus, weniger CO_2 auszustoßen als der Rest der Branche oder verlang diese Bezeichnung völlige Klimaneutralität? Was ist mit Atomstrom? In weiten Teilen der Welt wird die Kernenergie zumindest für besser als Kohle- oder Gasstrom gehalten und deshalb als ökologische Energiequelle betrachtet. Das richtige Handeln kann viele Schattierungen annehmen, wobei diese Schattierungen bei Fragen der ethischen Finanzprodukte so weit auseinander liegen können, dass es eher der Gegensatz von Schwarz und Weiß ist. Wohlgemerkt haben wir hier mit Kinderarbeit und Umweltschutz nur zwei von vielen möglichen Bereichen angesprochen, die ethisches unternehmerisches Handeln betreffen können. Häufig lassen sich im ersten Schritt Investments, Versicherungen oder Banken finden, die zumindest große Schnittmengen mit bestimmten Nachhaltigkeitskriterien aufweisen. Beim näheren Hinsehen erkennt man dann nicht selten, dass das betreffende Unternehmen ein Tochter-Unternehmen einer größeren Gesellschaft ist, die selbst ein völlig anderes, womöglich weniger ethisches Wirtschaften betreibt. Ebenso werden teilweise gesonderte Produktlinien geschaffen oder ein repräsentativer Geschäftspartner gesucht, um mit einem vorbildlich nachhaltigen Aushängeschild darüber hinwegzutäuschen, dass im Großen und Ganzen alles weiterläuft wie bisher. Greenwashing, also das Nutzen von vermeintlich ökologischem und allgemein ethisch korrektem Auftreten als Werbemittel, ist mittlerweile omnipräsent und kein alleiniges Problem der Finanzbranche.

Wenn Sie kompromissbereit sind, dann ist es mit viel Aufwand durchaus möglich, dass Sie bei Ihren Versicherungen und Finanzen Ihre eigene Weltanschauung einfließen lassen. Stellen Sie sich jedoch darauf ein, sehr intensiv Produktinformationen, Tarifinformationen und Geschäftsberichte zu studieren. Vergessen Sie dabei bitte eines nicht: Wir haben bisher noch nicht die Frage der Qualität der Produkte behandelt. Besonders in der Risiko-Absicherung möchte ich Ihnen dringend raten, die Passgenauigkeit der Versicherung an allererste Stelle zu setzen. Wenn Sie dann einen Vertrag finden, der Ihre Anforderungen zu 100% erfüllt und noch dazu weitestgehend Ihrer Ethik entspricht: Perfekt! Beim Vermögensaufbau gilt das Gleiche. Solange Sie Grundprinzipien der Geldanlage einhalten können, spricht nichts gegen Investments, die eher Ihren Wünschen an die Zukunft entsprechen. Sehen Sie aber davon ab, große Teile Ihres Geldes als Direkt-Investments in wenige Projekte zu stecken, anstatt es breit zu streuen, nur weil diese es augenscheinlich gut meinen. Die Verlustgefahr ist ansonsten ganz erheblich.

Bis hierher mag vielleicht der Eindruck entstanden sein, mir wäre der ethische Aspekt bei Finanzangelegenheiten egal. Das ist absolut nicht der Fall. Ich sehe nur folgende Gefahr, vor der ich Sie gerne warnen möchte: Sie wählen ein bestimmtes Produkt, um damit etwas Gutes zu tun. Dieser Wunsch überwiegt eventuell sogar jenen nach der besten Qualität. Letztlich führt das starke Greenwashing am Markt oder auch nur die unterschiedliche Auffassung darüber, was ethisch korrekt ist, aber dazu, dass Sie einen schlechten Vertrag haben und gleichzeitig gar nicht im erwarteten Umfang zur Umsetzung Ihrer Ideale beitragen. Ich will also auf keinen Fall sagen, dass Anlagen, die unter einem ethischen Label beworben werden, immer schlecht sind. Ich mache nur häufig die Erfahrung, dass Verbraucher*innen etwas anderes von ihnen erwarten. Wer sich also mit den beschriebenen Kompromissen dieser Finanzanlagen unwohl fühlt und nun überlegt, sich gar nicht abzusichern und überhaupt keine breit gestreute Geldanlage zu betreiben, denen möchte ich einen Vorschlag mit auf den Weg geben. Dieser Vorschlag muss auch keine Alternative sein, sondern ist genauso gut als Ergänzung zu womöglich unperfekten aber doch etwas ethischeren Anlagen möglich. Suchen Sie sich doch einen Verein oder eine sonstige Organisation, die sich für gesellschaftliche Veränderungen in dem von Ihnen gewünschten Sinne einsetzt und spenden Sie dieser Organisation Geld. Hierdurch ermöglichen Sie zivilgesellschaftliche Kampagnen, Informationsarbeit und politische Einflussnahme, die in die Breite wirkt. Damit meine ich, dass Veränderungen von Normen und Gesetzen vorangetrieben werden, die alle Unternehmen gleichermaßen verpflichten und so zu einer umfassenden Verbesserung beitragen. Wenn Sie diese Spenden gerne mit Ihren Ausgaben für Versicherungen und Finanzen verbinden möchten, rechnen Sie einfach Ihre monatlichen Ausgaben für Finanzprodukte zusammen und spenden Sie einmal im Jahr in der Höhe eines Monatsbeitrags an die von Ihnen bevorzugte Einrichtung. Womöglich können Sie auf diese Art Ihr Geld zielgerichteter und - wie man so schön sagt - nachhaltiger einsetzen. Wenn Sie dieses Kapitel bis zum Schluss gelesen haben, wird Ihnen das folgende sicher nicht das wichtigste daran sein, aber am Ende können Sie Spenden auch noch von der Steuer absetzen.

Kapitel 12
Tarifauswahl und Antragsfragen

Wir nähern uns langsam dem Abschluss, sowohl thematisch als auch dem Ende dieses Buchs. Beim Abschluss von Versicherungsverträgen dreht sich in der allgemeinen Wahrnehmung alles um Tarife. Kaum eine Internet-Seite bietet Inhalte zu Versicherungsthemen an, ohne dass die Texte mehr oder weniger offensiv von Buttons unterbrochen werden, die Sie zum Tarifvergleich führen. Auch die Tarifvergleiche von Magazinen wie der Finanztest sind immer wieder Gegenstand von Interesse, sowohl der Fachpresse als auch von Privatpersonen. Dabei ist die Leistung eines Tarifs zweifelsohne von größter Wichtigkeit, aber sie ist nicht alles. Jeder Tarif ist nur so gut, wie seine Idealkundin. Ob der vermeintlich beste Tarif auch der beste Tarif für Sie ist, kann kein Vergleichsrechner beantworten, sondern nur eine Beratung oder in wenigen Fällen eine eigene, intensive Recherche.

Wenn ein Produkt sehr innovativ und überzeugend daherkommt, halte ich Vorsicht für angebracht. Das ist keine Fortschrittsfeindlichkeit aber bei Themen an denen Zukünfte und Existenzen hängen, wie der Arbeitskraftabsicherung, dem Eigenheim oder der Altersvorsorge, bin ich konservativ veranlagt. Besser ein Produkt, dass seit vielen Jahren bewiesen hat, dass es in 99% der Fälle auch wirklich hält, was man erwartet, als ein toller neuer Tarif, der 103% verspricht, aber vielleicht auch nur 80% leistet. Wenn es noch keine Daten oder Erfahrungswerte aus der Vergangenheit gibt, können Sie das schlichtweg nicht bewerten. Natürlich dürfen und sollen sich Dinge an Versicherungen ändern. Aber nur, solange im Kern der Verträge Verlässlichkeit besteht, dem Anlagekonzept einer Rentenversicherung, dem Bedingungswerk einer Gebäudeversicherung, den Leistungsmodalitäten der Haftpflichtversicherung. Die Mühlen in der Versicherungswelt mahlen oft langsam und das ist gut so. Meines Erachtens tut sich die Versicherungsbranche keinen

Gefallen, wenn sie auch nur im Entferntesten versucht, ein schickes Lifestyle-Accessoire zu sein.

Es gab in den 90ern die Werbung einer Bausparkasse, an die ich mich folgendermaßen erinnere: Die Clique traf sich nach der familiären Konfirmationsfeier an der Straßenecke, um die Geschenke zu vergleichen. Der eine konnte mit seinem neuen Mofa angeben, der andere hatte nichts vorzuweisen außer einen spießigen Bausparvertrag. Sie können sich denken, wie es weitergeht. Jahre später steht der Spießer stolz vor seinem Eigenheim und kann abschätzig auf den Typen auf dem Mofa blicken, der immer noch der Typ auf dem Mofa ist und, so wird es den Zuschauenden suggeriert, wohl auch nie etwas anderes sein wird. Diese Werbung ist ideal geeignet, um über Minderwertigkeitskomplex, autoritären Charakter und Distinktionsbedürfnis des Kleinbürgertums zu diskutieren. Aber dafür haben Sie dieses Buch vermutlich nicht zur Hand genommen. Eine humorvoll selbstkritische Aussage hat dieses Bild nämlich, die ich gerne von Bausparverträgen auf Versicherungen übertragen möchte. Sie sind in keiner Weise cool oder sexy. Und jede Versicherung, die Ihre Produkte so bewirbt, geht den Weg alles Uncoolen, das zwanghaft versucht dem Zeitgeist nachzueilen. Es wirkt peinlich und lächerlich. Versicherungen sollen Dinge absichern, versprechen, garantieren und diese Versprechen und Garantien einhalten. Ich erwarte Beständigkeit von ihnen und keine Coolness. Deshalb misstraue ich dem innovativen neuen Tarif von der innovativen neuen Versicherungsgesellschaft erst einmal. Ich möchte ein Unternehmen als Ansprechpartner, das sich über Jahre und Jahrzehnte eine Reputation erarbeitet hat und auch Angst hat, diese zu verlieren. Es sollte bewiesen haben, dass die innovativen Tarife, die es auflegt, keine Lockangebote sind, sondern auf Dauer kalkuliert. Ich will eine gewisse Wahrscheinlichkeit haben, dass nicht nach ein paar erfolgreichen Jahren das Unternehmen aufgekauft wird und sich dadurch die Spielregeln ändern oder das junge Unternehmen Pleite geht. Das ist kein Widerspruch zu schlanken Abläufen, Digitalisierung oder neuen Lösungen für alte, lang bestehende Probleme. Aber dass die Versicherung leistet, ist wichtiger, als dass Sie die Leistungsablehnung aufs Smartphone erhalten.

Ein ansonsten guter Tarif kann doch unpassend sein, weil er noch nicht seine Tragfähigkeit bewiesen hat. Ein ansonsten guter Tarif kann aber auch unpassend sein, weil nicht das richtige Unternehmen dahintersteht. Finanzstabilität, Prozessquote, Leistungsquote, Kundenzuwachs, Tariflandschaft - solche und andere Unternehmenskennzahlen können ganz erheblich für die Entscheidung sein, welchen Vertrag man abschließt. Leider spielt die Betrachtung der Versicherungsgesellschaft bei vielen Entscheidungen überhaupt keine Rolle. Wir sprechen etwa bei Renten- und Berufsunfähigkeitsversicherungen jedoch von Verträgen, die mehrere Jahrzehnte laufen. Ich würde niemandem nahelegen, einer Person oder einem Unternehmen jahrzehntelang Geld zu überweisen und sich nicht genau anzuschauen, mit wem man es eigentlich zu tun hat. Fordern Sie Kennzahlen zum Unternehmen aktiv in der Beratung ein, falls sie Ihnen nicht sowieso zur Verfügung gestellt werden. Je komplexer eine Versicherung, desto komplexer ist tendenziell auch die Auswahl von Versicherer und Tarif. Anders gesagt: Erwarten Sie nicht, dass Sie eine Berufsunfähigkeitsversicherung oder eine private Krankenversicherung nach 30 oder auch 60 Minuten abschließen. Das ist einfach zu kurz. Es ist für viele ein leidiges Thema, es macht keinen Spaß und wenn man sich dann endlich aufgerafft hat, die wichtigsten Versicherungen anzugehen, will man es wenigstens zügig abgeschlossen haben. Das verstehe ich. Aber niemand kann aus einer so großen Auswahl in so wenig Zeit den passenden Vertrag finden, der dann für das restliche Berufsleben passen soll. Formulierungen wie ‚die beste Berufsunfähigkeitsversicherung für junge Studierende/Lehramtsanwärter*innen/Ingenieur*innen/etc.' sind Mumpitz. Manche Versicherungssparten sind so ausdifferenziert, dass eineiige Zwillinge mit dem gleichen Beruf und dem gleichen Risiko-Profil womöglich unterschiedliche Policen abschließen würden. Ganz einfach deshalb, weil ihnen unterschiedliche Klauseln und Gestaltungen wichtig sein können.

Bei der Beratung zum Abschluss von langlaufenden Verträgen sollte das Erheben der aktuellen Lebenssituation ebenso dazugehören, wie das Aufnehmen der Anforderungen und Wünschen, etwa anhand von Fragebögen. Hinzukommt das Klären bestimmter Formulierungen und Gestaltungsmöglichkeiten in den Verträgen und noch einiges mehr. Damit dürften bereits mehr als 60 Minuten gut gefüllt sein. Auf dieser Grundlage kann dann in einem zweiten Schritt eine erste Auswahl von Tarifen und Versicherern analysiert werden. Ist einmal ein passender Tarif gefunden, geht es an die Antragsstellung. In praktisch jedem Antrag auf eine Versicherung gibt es Antragsfragen. Das reicht von der relativ einfachen Frage nach Vorversicherungen, also ob in den letzten Jahren bereits ein Vertrag für das gleiche Risiko bestand, bis zu den sehr ausführlichen Gesundheitsfragen. Ob knapp oder ausführlich, eine falsche Beantwortung der Antragsfragen kann zum kompletten Ausbleiben des Versicherungsschutzes führen. Geregelt ist auch das im Versicherungsvertragsgesetz, nämlich zunächst dem § 19 VVG. Dort heißt es:

„Der Versicherungsnehmer hat bis zur Abgabe seiner Vertragserklärung die ihm bekannten Gefahrumstände, die für den Entschluss des Versicherers, den Vertrag mit dem vereinbarten Inhalt zu schließen, erheblich sind und nach denen der Versicherer in Textform gefragt hat, dem Versicherer anzuzeigen." (§ 19 Abs. 1 S. 1 VVG)

Verletzen Sie als Versicherungsnehmer diese Vorgabe, gibt das dem Versicherer weitreichende Gestaltungsmöglichkeiten. Insbesondere kann er möglicherweise vom Vertrag zurücktreten. Unter bestimmten Voraussetzungen kommt auch eine Kündigung durch den Versicherer in Betracht. Oder er hat nach § 22 VVG die Möglichkeit, den Vertrag wegen arglistiger Täuschung anzufechten. Anfechtung, Kündigung und Rücktritt führen aus rechtlicher Sicht zu unterschiedlichen Prüfungsketten und womöglich auch unterschiedlichen konkreten Folgen. Um hier keinen juristischen Exkurs einzuschieben und womöglich Ihre Aufmerksamkeit zu verlieren, sei das Wichtigste festgehalten: Im schlimmsten Fall ist der Versicherer berechtigt, die ursprünglich vereinbarte Leistung zu verweigern. Im individuellen Fall mag das Betroffenen vielleicht als unfair erscheinen. Tatsächlich ist es aber Ergebnis eines Gerechtigkeitsempfindens, das wohl viele im Alltag teilen werden. Wenn Sie unter Vorspiegelung falscher Tatsachen einen Vertrag schließen - beispielsweise, wird Ihnen ein Auto mit Motorschaden als einwandfrei verkauft - werden Sie wohl nachdrücklich einwenden, an einen solchen Vertrag nicht gebunden zu sein. Das sieht der Gesetzgeber auch so und ebenso wie für Sie als Verbraucher*in gilt dieser Rechtsgedanke auch für Versicherungsunternehmen. Das vorläufige Fazit sollte also klar sein. Wonach der Versicherer Sie im Antrag fragt, das sollten Sie tunlichst wahrheitsgemäß beantworten. Dennoch führen in der Praxis immer wieder falsch beantworte Antragsfragen zu Ablehnungen von Leistungsanträgen. Im Folgenden werde ich mich auf Risiko-/Gesundheitsfragen zu Berufsunfähigkeitsversicherungen konzentrieren, da diese meist zu erheblich mehr Beratungsbedarf führen als solche zur privaten Haftpflicht- oder Hausratversicherung. Vieles davon gilt allerdings analog für andere Versicherungen, die den Menschen als solchen absichern, also auch Krankenversicherungen, Risiko-Lebensversicherungen oder Grundfähigkeitsversicherungen. Ich möchte allerdings nicht versäumen, Sie an dieser Stelle daran zu erinnern, dass beispielsweise Gebäudeversicherungen auch mit besonderer Vorsicht beantragt werden sollten. Häufig sichern Sie hier den größten Kapitalbrocken Ihres gesamten Vermögens ab. Gerade ältere Häuser lassen sich aber oft in den standardisierten Fragebögen der Versicherer nicht richtig wiedergeben. Führen Sie hier bei Bedarf einen engen

Austausch mit dem Versicherer durch, um die korrekten Angaben zu machen und lassen Sie im Zweifel einen Außendienstmitarbeiter der Versicherung den Zustand Ihres Gebäudes selbst vor Ort aufnehmen. Achten Sie bei diesem engen Austausch darauf, dass er schriftlich stattfindet oder im Anschluss dokumentiert wird. Im persönlichen Gespräch oder am Telefon ist vieles schnell gesagt und das im seltensten Fall mit böser Absicht. Trotzdem ist es in Ihrem Sinne, wenn Sie Ihre Sicht der Dinge beweisen können. Aber zurück zu den Fragen zu gesundheitlichen Risiken. Diese Antragsfragen sind mitunter nicht gerade leicht verständlich formuliert. Noch verwirrender ist aber, dass jeder Versicherer die Formulierung der Fragen selbst festlegt und zwei Fragen zu dem gleichen medizinischen Komplex durch abweichende Formulierungen zu komplett unterschiedlichen Antworten führen können. Eine von mir frei erfundene Antragsfrage könnte bei zwei Versicherern folgendermaßen lauten:

Versicherer A:
Wurden Sie wegen Beschwerden der Wirbelsäule in den letzten 5 Jahren bei Ärzten, Therapeuten oder sonstigen Behandlern vorstellig?

Versicherer B:
Hatten Sie in den letzten 5 Jahren Beschwerden der Wirbelsäule?

Beide Anträge fragen nach Beschwerden der Wirbelsäule. Dennoch können die Antworten unterschiedlich ausfallen. Eine bejahte Gesundheitsfrage kann unter Umständen gar keine Konsequenz haben, aber eben auch zu Ablehnungen und Risikoausschlüssen führen. Ein Risikoausschluss, den man häufig findet, betrifft die Psyche. Der Versicherer schließt dann mit Ihnen einen Vertrag, der aber beinhaltet, dass keine Leistung gezahlt wird, wenn eine psychische Erkrankung die Ursache ist.

So pointiert wie hier mag der Unterschied in der Formulierung vielleicht noch klar sein. In der Regel nehmen die Gesundheitsfragen aber nicht weniger als eine Seite des Antrages ein, tendenziell mehr. Sie wären nicht die erste Person, die bei mehreren verschiedenen Anträgen mit unterschiedlich aber zugleich ähnlich formulierten Gesundheitsfragen den Überblick verliert. Es kann mitunter schwierig sein zu beurteilen, was Sie genau angeben müssen und was nicht. Ich rate deshalb eher davon ab, eine Berufsunfähigkeitsversicherung ohne fachkundige Unterstützung zu beantragen. Auch meine kurzen Ausführungen hier können nur eine knappe Warnung sein, nicht aber der komplexen Rechtslage und ihrer Auswirkung auf individuelle Fälle gerecht werden.

Eine Berufsgruppe, die sich in Bezug auf Anträge mit Gesundheitsfragen leider immer mal wieder in ein schlechtes Licht rückt und von der man es eigentlich weniger erwarten würde, sind Mediziner*innen. Um die Gesundheitsfragen im Antrag korrekt zu beantworten, kann es nötig sein, dass Sie Ihre dort abgefragte Krankengeschichte aufarbeiten. Beispielsweise kann es unter Umständen angebracht sein, Unterlagen von behandelnden Ärzt*innen anzufordern. Gelegentlich kommt es jedoch vor, dass bei dem Versuch das zu tun, als Antwort aus der angefragten Praxis kommt, man habe zwar Unterlagen, aber was damals behandelt wurde sei für einen Versicherungsantrag nicht relevant. Verstehen Sie mich nicht falsch. Ich habe größten Respekt vor Leuten in medizinischen Berufen. Es steht außer Frage, wie eklatant wichtig sie für unsere Gesellschaft sind, weshalb ich sehr froh bin, dass hervorragend ausgebildete Menschen diese Aufgaben übernehmen. Auch Ärzt*innen sollten sich aber bitte an Ihre Profession halten. Versicherungsexpert*innen können Sie nicht zu Ihren Krankheiten beraten, aber dazu welche Sie in einem Versicherungsantrag angeben müssen. Und exakt umgekehrt verhält es sich mit medizinischem Fachpersonal. Sollten das angehende Mediziner*innen lesen, möchte ich Sie eindringlich bitten, auf solche Äußerungen zu verzichten. Sie könnten damit ungewollt einen existenziell wichtigen Versicherungsschutz Ihrer Patient*innen gefähr-den.

Planen Sie die Klärung der Gesundheits- und Risikofragen als zeitin-tensiven Block bei der Suche nach der passenden Versicherung ein. Ein passender Tarif ist nicht selten schneller gefunden als die medizini-schen Unterlagen angefordert und ausgewertet. Lassen Sie sich hierbei gut beraten. Eine 100%ige Rechtssicherheit, dass Ihr Leistungsantrag später angenommen wird, kann Ihnen niemand geben. Aber Sie können Ihre Chancen erhöhen. Gehen Sie außerdem sicher, dass grundsätzlich vor Antragstellung eine anonyme Risikovoranfrage gestellt wird. Hier-bei werden Ihr Gesundheitsstatus und etwaige weitere Risikodaten anonym an einen oder mehrere Versicherer geschickt. Daraufhin geben diese ein Votum ab, ob diese anonyme Person wie gewünscht versicher-bar ist oder nur unter Einschränkungen oder gar nicht. So werden Sie nicht von der Ablehnung des Antrages überrascht. Denn diese Ableh-nung müssen Sie in Zukunft mit der dazugehörigen Begründung für mehrere Jahre bei fast allen anderen Versicherern angeben, weil Sie im Antrag danach gefragt werden. Außerdem haben Sie am obigen Beispiel gesehen, dass ein und derselbe Sachverhalt zu unterschiedlichen Ergeb-nissen führen kann, je nachdem wonach der Versicherer fragt. Es kann also durchaus sein, dass ein Versicherer Sie aufgrund Ihres Gesund-heitszustandes ablehnt, ein weiterer Versicherer Ausschlussklauseln verlangt und ein dritter Sie ohne jedes Problem annimmt. Diese Aus-wahl sollten Sie sich nicht nehmen lassen.

Kapitel 13
Alle Versicherungsangelegenheiten selbst regeln?

Viele Finanzblogs und -bücher wollen dazu animieren, dass Sie sich komplett eigenständig um Ihre Finanzen kümmern. Das finde ich ein redliches Ziel und bin selbst ein freudiger Konsument dieser Ratgeber. Dennoch teile ich dieses Vorhaben für Versicherungen nicht vollumfänglich. Das mag auf den ersten Blick seltsam wirken, da ich hier versuche, Ihnen Wissen zu vermitteln, um Sie in Versicherungsangelegenheiten selbstständiger und unabhängiger zu machen. Das ist für mich aber ganz und gar nicht das Gleiche. Vor einem Hausbau sollten Sie sich selbstverständlich intensiv mit einigen handwerklichen, baulichen und rechtlichen Themen auseinandersetzen, um unabhängiger von den Meinungen anderer zu werden und womöglich kostensparende Eigenleistungen erbringen zu können. Dennoch werden die wenigsten unter Ihnen das ganze Haus selbst bauen. Ebenso rate ich niemandem, einen großen Schadensfall komplett selbst abzuwickeln. Das kann gutgehen. Die negativen Folgen, falls Sie etwas übersehen oder falsch machen, können aber ganz erheblich sein. Lassen Sie es mich so sagen: Würde mein eigenes Haus abbrennen, würde ich die Schadensregulierung nicht selbst übernehmen, sondern in die Hände von Versicherungsberater*innen und Rechtsanwält*innen geben. Ähnlich sehe ich es, das sollte an mehreren Stellen deutlich geworden sein, mit der Beratung zu komplexen Versicherungsverträgen.

Nach mehreren Jahren und verschiedenen Stationen in der Finanz- und Versicherungswelt finde ich es deutlich leichter, mich um meine Geldanlage selbst zu kümmern als um meine Versicherungen. Natürlich kann man mit entsprechender Detailverliebtheit immer noch die eine oder andere Optimierung seiner Finanzanlagen hinbekommen. Wenn man allerdings beispielsweis das Grundkonzept eines einfachen, weltweit diversifizierten ETF-Portfolios einmal verstanden und für sich als passend erkannt hat, dann heißt es Einzahlen und Durchhalten. Der von mir sehr geschätzte Blogger und Buchautor Finanzwesir hat für die grundlegende ETF-Auswahl einmal den Begriff der „Brot und Butter ETFs" gebraucht. Ob man dafür lieber den ETF von Vanguard oder iShares nimmt, ist nicht komplett unwichtig, aber zumindest zweitrangig. Diese Logik möchte ich auf viele Versicherungen, wie zum Beispiel die Berufsunfähigkeitsversicherung, nicht übertragen. Eine solche Absicherung ist zu wichtig, zu komplex, zu individuell und bildet – Sie erinnern sich an den Anfang des Buches – neben der privaten Haftpflichtversicherung die Grundlage der gesamten Vermögensplanung. Es ist alles andere als egal, bei welchem Versicherer, in welchem Tarif und mit welcher Rentenhöhe Sie schließlich versichert sind. Im Extremfall geht es hier dann nicht um einige Prozentpunkte mehr oder weniger Rendite hinter dem Komma, sondern um die Frage, ob das Einkommen über Jahrzehnte gesichert ist oder nicht. Sich um etwas selbst zu kümmern, bedeutet auch zu erkennen, wann man sich Unterstützung holen sollte. Das betrifft die Finanzplanung ganz genauso wie den Versicherungsbestand. Ich denke, dass mir auch kaum jemand der eingangs erwähnten Finanzblogger*innen hier widersprechen wird. Ich rate deswegen eher davon ab, sich um alle seine Versicherungsangelegenheiten komplett selbst zu kümmern. Es gibt Berater*innen und Vermittler*innen, die sich seit Jahren oder Jahrzehnten hauptberuflich auf eine Versicherungsart spezialisieren. Manche beraten nur zu Abschlüssen, andere nur zu Leistungsfällen. Das tun sie nicht, weil man eigentlich auch alles andere noch ganz nebenbei lernen kann.

Informieren Sie sich und schaffen Sie sich eine Grundlage, auf der Sie entscheiden können, ob Ihnen eine Beratung zusagt oder nicht. Machen Sie selbst, was Sie verstehen und beherrschen, aber kennen Sie Ihre Grenzen. Ermächtigen Sie sich selbst dazu, Dinge zu hinterfragen und konkrete Auskünfte zu verlangen. Diese Schritte zu gehen und die richtigen Fragen zu stellen, das ist ein radikaler Ansatz zu Versicherungen, weil Sie damit an der Wurzel ansetzen und sich nicht im Kleinklein verzetteln. Ich hoffe sehr, Ihnen auf den vergangenen Seiten neue Erkenntnisse geliefert zu haben. Es war nie der Ansatz dieses Buches, jede Detailfrage zu beantworten, sondern Ihnen Wege aufzuzeigen, wie Sie das selbst tun können und wie Sie jemanden finden, der Ihnen dabei hilft, falls Sie das möchten. Ich würde mich sehr freuen, wenn ich Sie dabei unterstützen konnte, die Welt der Versicherungen und Finanzen ein wenig zu entmystifizieren.

Schlusswort

Das Ihnen vorliegende Buch ist aus dem Wunsch entstanden, Erfahrungen aus der Versicherungswelt zu teilen. Dem liegt die Hoffnung zugrunde, dass es dazu beitragen kann, eine Selbstermächtigung bei der Befassung mit Versicherungen zu fördern.

Vielleicht ist Ihnen aufgefallen, dass dieses Buch im sogenannten self-publishing veröffentlicht wurde. Es fand also keine fachlich geschulte Durchführung des Layouts und auch keine Überprüfung durch ein professionelles Lektorat statt. Ich hoffe deshalb auf Ihr Verständnis, sollten sich orthographische oder auch darstellerische Fehler im Vergleich zu anderen Publikationen häufen. Falls Sie einen solchen Fehler entdecken, freue ich mich auf freundliche Hinweise an vers.rad@gmail.com.

Ganz ohne Unterstützung ist auch ein solches Projekt jedoch nicht möglich. Mein besonderer Dank gilt deshalb Claire Wolff, Dr. Tom Kaden und Rechtsanwalt Bernd O. Müller für die Unterstützung bei der Fertigstellung. Zudem danke ich herzlich Dr. Tim Becker für die in jungen Jahren gegebene Inspiration, einmal ein Buch schreiben zu wollen sowie meinem Vater für die ebenso frühen wie nachhaltigen Einblicke in die Finanzwelt.